INTRODUCTION

Léon Clugnet fut un érudit d'une curiosité peu commune qui le portait à entreprendre des collections de documents les plus disparates. C'est ainsi que sa bibliographie comprend des titres hétérogènes comme *Géographie de la Soie, Glossaire du patois de Gilhoc* (Ardèche), une *Bibliographie du culte local de la Vierge Marie* et enfin une *Bibliothèque hagiographique*, dont les neuf volumes, ou fascicules, furent d'abord imprimés en grande partie dans la *Revue de l'Orient Chrétien* dont il fut, entre autres occupations, le secrétaire. Ces quelques titres ne donnent qu'une faible idée des domaines que voulait explorer cet infatigable documentaliste et de sa méthode de travail. Notre bibliothèque conserve en effet un manuscrit de Léon Clugnet, probablement autographe, daté de 1884 et qui s'intitule *Collection de documents sur la géographie de la vallée de l'Euphrate*; l'auteur y a recopié avec leur traduction les documents de l'écriture cunéiforme jusqu'aux récits des plus récents voyageurs anglais. Le même genre d'érudition s'étale dans la bibliographie du culte de la Vierge, où sont cités des titres même en tamoul et en bengali, dont le savant bollandiste, H. Delehaye, se déclarait incapable — non sans ironie — de vérifier l'exactitude. Les talents du polyglotte s'exercent aussi dans la vie des saints qu'il a publiées avec l'ambition de suivre le sort d'un texte dans toutes les versions, coptes, arabes, grecques, latines, haut et bas-allemand, ancien français.

A côté de ses autres publications, le *Dictionnaire grec-français des noms liturgiques* se distingue par l'absence de toute érudition, par sa forme simple qui répond exactement au besoin que Léon Clugnet avait l'intention de satisfaire. Félicitons-nous qu'il ait renoncé pour une fois à ses habitudes, en particulier aux dix volumes évoqués dans son introduction et qu'il estimait nécessaires pour épuiser le sujet. Son souhait que de nombreuses monographies soient écrites pour permettre un nouveau travail d'ensemble ne s'est réalisé qu'à moitié. Des monographies ont paru, certes, et beaucoup d'études concernant les liturgies grecques, mais le petit *Dictionnaire* n'a été remplacé par aucun autre ouvrage équivalent, ni en français, ni en d'autres langues. Si la taille du volume parait dérisoire à côté d'un *Glossaire* de Ducange, ou d'un *Lexicon* de Lampe, il est encore très utile aux liturgistes et aux byzantinistes d'avoir sous la main un répertoire aussi commode. Les graves savants peuvent se dispenser de le citer, mais ils l'utilisent chaque fois qu'ils s'engagent dans le domaine de la liturgie grecque, dont le vocabulaire sonne étrangement aux oreilles des non-initiés. Le *Dictionnaire* de Léon Clugnet est encore le guide et le plan qui permet d'entrer dans ce monument, d'en découvrir les curiosités en leur donnant leur vrai nom.

J. DARROUZÈS
de l'Institut Français d'Etudes byzantines

Léon Clugnet

Dictionnaire grec-français des noms liturgiques en usage dans l'église grecque

Préface de J. Darrouzès

VARIORUM REPRINTS
London 1971

179733

SBN 902089 09 9

Published in Great Britain by
VARIORUM REPRINTS
21a Pembridge Mews London W11 3EQ

Printed in Switzerland by
REDA SA
1225 Chêne-Bourg Geneva

Reprint of the Paris 1895 edition

VARIORUM REPRINT R2

DICTIONNAIRE

GREC-FRANÇAIS

DES NOMS LITURGIQUES

EN USAGE

DANS L'ÉGLISE GRECQUE

PAR

LÉON CLUGNET
LICENCIÉ ÈS LETTRES

———— ··◦❖◦·· ————

PARIS

ALPHONSE PICARD ET FILS, ÉDITEURS

82, RUE BONAPARTE, 82

—

1895

PRÉFACE

Les livres liturgiques de l'Église Grecque sont très peu connus dans l'Europe occidentale, soit que les esprits aient depuis longtemps cessé de s'intéresser aux rites d'une Église qui s'est séparée de la grande famille catholique, soit que, ces livres étant fort rares, il ait été très difficile jusqu'ici de se les procurer dans nos régions. Mais ce dédain pour les magnifiques cérémonies décrites dans ces ouvrages et pour les incomparables prières qu'ils renferment, s'il persistait, ne pourrait bientôt plus être excusé. En effet de nombreux motifs invitent maintenant les Chrétiens des pays occidentaux, et particulièrement les Français, à tourner leurs regards vers cet Orient qui leur doit tant et à la régénération duquel un grand nombre d'entre eux travaillent avec un grand zèle et une admirable charité. La plupart de ces motifs sont d'ordre religieux, et parmi les principaux il faut signaler ces aspirations secrètes ou avouées qui

semblent pousser les Grecs schismatiques à se
rapprocher peu à peu de l'Église Latine, les
efforts si heureusement tentés par le Pasteur
Suprême, l'illustre Léon XIII, pour ramener au
bercail ces brebis égarées, et enfin l'activité que
mettent les Grecs restés catholiques à sortir de
l'obscurité dans laquelle leur petit nombre, leur
pauvreté et la persécution les ont tenus si longtemps cachés. Oui, les catholiques latins considè-
rent avec une anxieuse impatience le mouvement
qui s'opère dans l'Église Grecque et l'amènera tôt
ou tard à accepter de nouveau la direction si douce
et si salutaire du Vicaire de Jésus-Christ. Mais ils
ne doivent pas se contenter d'observer de loin les
signes avant-coureurs d'un événement si impa-
tiemment attendu, qui rendra à l'Orient son antique splendeur. Tout au contraire, il faut qu'ils
contribuent de tout leur pouvoir à hâter l'union
qui se prépare. Or, le meilleur moyen qu'ils aient
à leur disposition pour détruire les préjugés et
les susceptibilités des Orientaux de rite grec,
c'est de leur prouver qu'ils s'intéressent vive-
ment et sincèrement à tout ce qu'eux-mêmes
respectent et vénèrent, particulièrement à cette
antique et belle liturgie qui fut celle des S. Basile,
des S. Grégoire de Nazianze, des S. Jean Chrysostome, etc. Du reste, quel avantage un Latin ne
retirera-t-il pas de la connaissance approfondie
de la liturgie grecque! N'est-ce pas chez elle qu'il

retrouvera les formes les plus anciennes de la
plupart des rites en usage dans les Églises occi-
dentales, et cette comparaison qu'il fera des prières et des cérémonies de l'Orient grec avec celles
de l'Europe latine n'augmentera-t-elle pas son
respect pour le culte qu'il rend à Dieu, puisqu'elle
l'amènera à en mieux connaître tous les détails ?
Mais pour bien connaître cette liturgie, pour en
saisir toutes les beautés, pour être pénétré par le
charme qui se dégage de ses formes archaïques et
de ses admirables prières, il faut l'étudier dans le
texte original, c'est-à-dire dans le texte grec des
livres ecclésiastiques. Ces livres, ainsi que je l'ai
dit plus haut, ont été rares jusqu'ici : ils ne le sont
plus actuellement. Outre qu'ils ont été réimprimés
par les presses schismatiques de Venise, de Constantinople, d'Athènes, de Smyrne, etc., l'imprimerie romaine de la Propagande en a commencé
une édition qui sans doute ne tardera pas à être
achevée, et qui sera l'*editio typica* des textes liturgiques pour les catholiques gréco-hellènes. Qui-
conque connaît le grec ancien les lira facilement,
et pour peu qu'on ait une teinture du grec moderne, on comprendra sans peine les rubriques
qui, dans certains volumes imprimés récemment,
sont données en langue vulgaire.

Le seul obstacle qui puisse rendre cette lecture
difficile est la présence dans les rubriques qui
accompagnent le texte des prières, quelle que

soit la date de leur composition, d'un certain
nombre de termes dont le sens liturgique n'est
donné dans aucun des lexiques qu'on a ordinairement sous la main. C'est pour remédier à cet
inconvénient que ce petit dictionnaire a été rédigé.
Il évitera au lecteur d'ouvrir les volumineux re-
cueils d'Allatius, de Goar, de Ducange, du cardi-
nal Pitra, etc., dans lesquels les recherches sont
toujours longues et qui d'ailleurs ne se trouvent
pas dans toutes les bibliothèques. Je dois ajouter
qu'il est un certain nombre de mots liturgiques,
dont on demanderait en vain l'explication exacte
à ces savants ouvrages, soit qu'ils en donnent une
traduction incorrecte, soit qu'ils ne les mentionnent même pas. Souvent il m'a fallu, pour obtenir
des définitions précises et sûres, parcourir d'un
bout à l'autre des livres imprimés en Orient et
consulter des Grecs connaissant parfaitement les
cérémonies propres à leur rite.

J'ai dû me borner à donner brièvement la signification de chaque mot ; car, si j'eusse voulu, à
propos de chacun d'eux, réunir tous les renseigne-
ments que l'histoire et l'archéologie religieuse
peuvent fournir, c'est dix gros volumes que
j'aurais eus à composer. Du reste, outre que ce
n'est pas à moi de tenter une œuvre si considérable, je crois que le moment n'est pas encore venu
de l'entreprendre. Il faudra résoudre isolément
beaucoup de problèmes obscurs et écrire de

nombreuses monographies, avant qu'il soit pos-
sible de faire un travail d'ensemble complet sur
les origines et les développements de la liturgie
grecque.

J'ai renoncé également à exposer les rapports
étroits qui existent entre cette liturgie et celle
des Latins, de peur d'être entraîné beaucoup
trop loin en dehors du cadre que je me suis
tracé. Aussi me suis-je contenté d'indiquer à la
suite du signe = les prières, les cérémonies,
les objets, etc., propres au culte latin, dont les
termes liturgiques grecs éveillent la pensée.
Toutefois ces rapprochements sont loin d'indiquer tous un même degré de relation entre les
mots grecs et les mots latins mis ainsi en présence. Mais le lecteur versé dans la connaissance de la liturgie latine ne se méprendra pas
sur la valeur des analogies et des ressemblances
signalées. Ainsi, quand je dis que la ῥάβδος des
Grecs est l'équivalent de la *crosse* latine, il est
évident qu'il faut reconnaître sous ces deux
noms le même bâton pastoral, bien que celui
d'un évêque grec n'ait pas exactement la même
forme que celui d'un évêque latin. D'un autre
côté, lorsque je place l'expression *autel portatif*
en face du mot ἀντιμήνσιον, je veux montrer seulement que l'usage qui est fait de ces deux objets
est à peu près le même, quoiqu'il y ait dans la
matière et la forme de l'un et de l'autre une

grande différence. Enfin, le rapprochement marqué entre l'ἑορτὴ τῶν Ἁγίων Πάντων et notre *fête de la Sainte Trinité*, signifie, non pas que ces deux fêtes sont identiques, mais uniquement que la Toussaint des Grecs est célébrée le jour où tombe chez nous la solennité de la Sainte Trinité.

A la suite de chaque mot j'ai toujours indiqué la valeur qu'il a dans la langue grecque classique, afin qu'on puisse se rendre immédiatement compte des modifications que son sens primitif a subies, lorsqu'il a passé dans la langue liturgique.

En terminant je dois réclamer toute l'indulgence du lecteur pour ce petit dictionnaire qui, malgré son peu d'étendue, n'en a pas moins été très difficile à achever, et je tiens à prier tous ceux qui y constateraient des erreurs ou des lacunes, de vouloir bien me les signaler, afin que je puisse le compléter, le perfectionner, et ainsi le rendre plus utile.

Fresnes-les-Rungis (Seine)

8 mai 1895.

LISTE

DES LIVRES LITURGIQUES DE L'ÉGLISE GRECQUE

PUBLIÉS PAR L'IMPRIMERIE ROMAINE DE LA PROPAGANDE

Apostolus ('Απόστολος) sive Acta et Epistolæ Sanctorum Apostolorum quæ per integrum annum in Ecclesia legi solent. 1881, in-8.

Divinum et Sacrum Evangelium (Εὐαγγέλιον) ex optimis editionibus Novi Testamenti accurate emendatum. 1880, in-fol.

Euchologium græcum (Εὐχολόγιον τὸ Μέγα). 1873, in-8.

Horologium magnum (Ὡρολόγιον). 1876, in-8.

Liturgia græca (Μικρὸν Εὐχολόγιον). 1872, in-8.

Menæa totius anni (Μηναῖα), Tom. I, continens officia mensium Septembris et Octobris. 1888, in-8.
Tom. II, continens officia mensium Novembris et Decembris. 1889, in-8.
(Les autres volumes sont sous presse.)

Octoechus ('Οκτώηχος) S. Patris Nostri Joannis Damasceni. 1886, in-8.

Paracletice (Παρακλητική) sive Octoechus magnus. 1885, in-8.

Pentecostarion (Πεντηκοστάριον) continens officia a die Paschatis ad Dominicam omnium sanctorum. 1883, in-8.

Psalterium Davidis (Ψαλτήριον), 1873, in-8.

Triodion (Τριῴδιον) in quo continetur officium totius Quadragesiæ. 1879, in-8.

SIGNES ET ABRÉVIATIONS

---

all.	allemand.
arab.	arabe.
byz.	grec byzantin.
class.	grec classique.
eccl.	grec ecclésiastique.
gr. mod.	grec moderne.
ital.	italien.
lat.	latin.
provenç.	provençal.
tur.	turc.
s. e.	sous-entendu.
voy.	voyez.
=	est l'équivalent de.

DICTIONNAIRE LITURGIQUE

GREC-FRANÇAIS

A

"Ἅγια, ων, τὰ (class. ἅγιος, α, ον, *saint, vénérable*). Les choses saintes. Les rubriques désignent par ce même mot, ce qu'on peut regretter : 1° la matière du sacrifice, c'est-à-dire le pain et le vin, *avant* la consécration; 2° les dons sacrés, *après* la consécration, c'est-à-dire le corps et le sang de Jésus-Christ.

Ἁγίασμα, ατος, τὸ (class. *chose consacrée*). 1° Eau qui a été sanctifiée par les bénédictions de l'Église dans la cérémonie appelée ἁγιασμός. = AQUA BENEDICTA, *eau bénite.* — 2° Τὰ Ἁγιάσματα, les choses saintes, c'est-à-dire toutes celles qui ont été consacrées et bénites par l'Église, telles que la Sainte-Eucharistie, l'eau bénite, le pain bénit, etc.

Ἁγιασματάριον, ου, τὸ (de ἁγιάζω, *bénir, consacrer*). 1° Livre liturgique qui contient les offices, les oraisons, les bénédictions, dont le prêtre a le plus sou-

1

vent besoin d'avoir le texte sous la main. C'est un abrégé
de l'Eucologe, Εὐχολόγιον. — 2° Vase servant à contenir
de l'eau bénite, ἀγίασμα. = CANTHARUS, *bénitier*. — Le
bénitier tel qu'il existe actuellement dans les églises
latines n'est pas en usage chez les Grecs. Voy. φιάλη.

'Αγιασμός, οῦ, ὁ (class. *sanctification, consécration*). — On appelle ainsi l'ensemble des rites qui s'accomplissent et des prières qui se disent, lorsque le prêtre
sanctifie une certaine quantité d'eau. = BENEDICTIO
AQUÆ, *bénédiction de l'eau*. — Ὁ μικρὸς ἁγιασμός, la
petite bénédiction de l'eau, qui peut avoir lieu en tout
temps. Ὁ μέγας ἁγιασμός, la grande bénédiction de l'eau,
cérémonie plus solennelle, qui n'a lieu qu'une fois par
an, le jour de l'Épiphanie, Θεοφάνεια, après la messe.
— Le prêtre bénit l'eau baptismale chaque fois qu'il
administre le sacrement du Baptême.

'Αγιαστήρ, ῆρος ὁ. Voy. ἁγιαστήρα.

'Αγιαστήρα, ας, ἡ, ou 'Αγιαστήρ, ῆρος, ὁ (de
ἁγιάζω, eccl. *bénir l'eau*). Instrument qui sert pour
prendre de l'eau bénite, ἁγίασμα, et la répandre sur les
objets ou les personnes qu'on bénit. On le désigne
également par le mot ῥάντιστρον. = ASPERSORIUM, *aspersoir, goupillon*.

Ἅγιος, ου, ὁ; Ἁγία, ας, ἡ (ἅγιος, α, ον, class. *saint
vénérable*). Saint, sainte. Οἱ Ἅγιοι, les saints. = SANC-
TUS, SANCTA. — Ὁ Ἅγιος τῆς Μονῆς ou τοῦ Ναοῦ, le saint
du Monastère ou de l'Église, c'est-à-dire sous le patronage spécial duquel cet édifice est placé. = PATRO-
NUS vel TITULARIS ECCLESIÆ, *le Patron* ou *le Titulaire
d'une Église*. — Ἅγιος ἑορταζόμενος ou ἑορτάσιμος, saint
fêté. Le mot ἑορτή qui traduit exactement le latin FES-
TUM, a cependant dans la langue liturgique un sens
plus restreint que ce dernier. Voy. ἑορτή, ἑορταζόμενος.

— Ἡ κυριακὴ τῶν Ἁγίων Πάντων, le dimanche de tous les Saints, le premier après la fête de la Pentecôte. C'est le FESTUM OMNIUM SANCTORUM, la Toussaint de l'Église grecque. = DOMINICA PRIMA POST PENTECOSTEN, *premier dimanche après la Pentecôte;* FESTUM SS. TRINITATIS, *fête de la Très sainte Trinité.*

Ἁγιοταφίτης, ου, ὁ (de ἅγιος τάφος, *saint sépulcre).* Religieux d'un monastère de Jérusalem. On nomme ainsi tous les moines de cette ville, parce qu'ils sont considérés comme desservant l'église du Saint-Sépulcre.

Ἀγρυπνία, ας, ἡ (class. *veille, insomnie).* Office qui a lieu pendant la nuit qui précède une fête solennelle. Lorsque cet office dure réellement toute la nuit, on l'appelle παννυχίς. = VIGILIA, *vigile* (ce mot étant pris avec la signification qu'il avait dans le principe).

Ἀδελφός, οῦ, ὁ (class. *frère).* Nom que se donnent les religieux qui vivent en commun dans un monastère. = FRATER, *frère.*

Ἀδελφότης, ητος, ἡ (eccl. *fraternité).* Société de religieux vivant dans un monastère sous la même règle. = CONGREGATIO, *congrégation, communauté,* CONFRATERNITAS, *confrérie.*

Ἄδυτον, ου, τὸ (class. *lieu impénétrable, inaccessible aux profanes).* Sanctuaire. Voy. ἱερατεῖον.

Ἀετός, οῦ, ὁ (class. *aigle).* Plaque de marbre portant l'image d'un aigle à deux têtes, δικέφαλος. Fixée dans le pavé du chœur, cette plaque servait à marquer l'endroit où devait s'élever le trône de l'empereur. Elle existe encore dans certaines églises. De là viennent des expressions comme celle-ci : « s'avancer jusqu'à la tête de l'aigle, ἄχρι τῆς κεφαλῆς τοῦ ἀετοῦ ». Les mots : « AD AQUILAM CHORI » des rubriques latines ont une autre origine et signifient : « *auprès du lutrin* », parce que celui-ci avait souvent la forme d'un aigle.

Ἀήρ, έρος, ὁ (class. *air, atmosphère*). Voile destiné à couvrir le calice et la patène, ainsi appelé sans doute, parce qu'il était fait autrefois d'une étoffe très légère. Voy. κάλυμμα, ἀναφορά, ῥιπίδιον.

Αἶνοι, ων, οἱ (αἶνος, class. *louange*). Voy. ὄρθρος.

Αἴτησις, εως, ἡ (class. *demande, sollicitation*). 1° Longue série d'invocations prononcées par le diacre et à chacune desquelles le peuple répond : παράσχου Κύριε. On l'appelle ainsi parce que chaque invocation se termine par les mots : παρὰ τοῦ Κυρίου αἰτησώμεθα. Il y a deux αἰτήσεις; elles se disent à la Messe, l'une avant, et l'autre après le canon. Ces supplications ont une grande analogie avec la συναπτή et l'.ἐκτενής. = LITANIA, *litanies*. — 2° Série d'invocations en général. Αἱ αἰτήσεις τῆς Ἐκτενοῦς, les invocations des litanies appelées ἐκτενής.

Ἀκάθιστος, ου, ἡ (de ἀ privatif, et καθίζω, *s'asseoir*). Ἡ Ἀκάθιστος ὕμνος, ou simplement ἡ Ἀκάθιστος, l'Hymne pendant le chant de laquelle on ne s'asseoit pas. On appelle ainsi un office de la Sainte Vierge que l'on chante debout le samedi matin du cinquième dimanche du Carême, pour rappeler la victoire remportée sous le règne d'Héraclius, par les Grecs de Constantinople contre les Avares qui assiégeaient leur ville, victoire qui fut attribuée à l'assistance de la Vierge Marie. Les éléments principaux de cet office sont un κοντάκιον, vingt-quatre οἶκοι et un κανών.

Ἀκίνητος, ος, ον (class. *immobile*). Ἀκίνητος ἑορτή, fête fixe. Voy. ἑορτή.

Ἀκολουθία, ας, ἡ (class. *conséquence, suite natu-
relle des choses*). 1° Ordre prescrit des formes exté-
rieures et régulières du culte religieux. =ORDO, *ordre;*
CÆREMONIA, *cérémonie;* RITUS, *rite.* — 2° L'économie
des psaumes, leçons, hymnes, etc., qui constituent les
Heures canoniales, c'est-à-dire l'ensemble des prières
qui se disent successivement, à certaines heures soit
du jour, soit de la nuit. Vóy. μεσονυκτικόν, ὄρθρος, ὥρα,
ἑσπερινός, ἀπόδειπνον. = CURSUS, *cours;* OFFICIUM, *office,*
office canonial, heures canoniales.

Ἀκροστιχίς, ίδος, ἡ (class. *acrostiche*). 1° Disposition des lettres initiales des tropaires d'un canon,
κανών, en vertu de laquelle ces lettres, mises à la suite
l'une de l'autre, représentent l'alphabet ou un nom
ou même une phrase. L'acrostiche peut donc être
alphabétique ou nominal ou explicatif. Quelquefois
il est rétrograde. Il lui arrive même de gouverner
non seulement les lettres initiales des tropaires, mais
encore les premières lettres de leurs incises principales. — 2° Mot ou phrase dont chaque lettre est en
même temps la première d'un tropaire d'un canon.

Ἀκροτελεύτατον ou Ἀκροτελεύτιον, ου, τό
(class. *fin d'un vers*). 1° Les dernières paroles d'une
hymne qui sont chantées en reprise par tous les chantres, ou même par tous les fidèles assemblés, après
que celle-ci a été chantée en solo par un chantre. —
2° Lorsque la première moitié de la doxologie GLORIA
PATRI, c'est-à-dire les paroles Δόξα Πατρὶ καὶ Υἱῷ καὶ
Ἁγίῳ Πνεύματι, doivent être suivies du chant d'un tropaire, si celui-ci, qu'on appelle δοξαστικόν, fait défaut,
on le remplace par les derniers mots du tropaire chanté
immédiatement avant la doxologie. Ceux-ci sont alors
désignés par l'expression ἀκροτελεύτιον.

'Ακροτελεύτιον, ου, τό. Voy. ἀκροτελεύταιον.

'Αλάβαστρον, ου, τό (class. *vase d'albâtre, vase à mettre les parfums*). Vase de cristal ou de métal précieux qui sert à contenir le saint Chrême, τὸ ἅγιον Μύρον. On l'appelle quelquefois βικίον. = AMPULLA, *ampoule*.

"Αλειπτρον, ου, τό (class. *vase* ou *boîte à essences*). Instrument composé d'un petit bâton à l'extrémité duquel on fixe un peu de coton. Le prêtre s'en sert pour oindre le front des fidèles avec de l'huile prise dans une des lampes qui brûlent devant les saintes Images.

'Αλληλούϊα (hébr. הללויה, *louez Jéhova*). Alleluia. Acclamation de joie ou de reconnaissance empruntée aux Juifs. Elle est d'un usage très fréquent dans la liturgie grecque. A Laudes, "Ορθρος, après la collecte, συναπτή, qui succède à l'ἐξάψαλμος, on chante ordinairement le verset Θεὸς Κύριος καὶ ἐπέφανεν ἡμῖν, etc.; mais certains jours, pendant ceux du Carême, par exemple, celui-ci est remplacé par le chant de l'ἀλληλούϊα. Or, comme ces jours-là d'autres modifications sont également introduites dans l'Office, les rubriques qui les indiquent commencent par la formule : εἰ ἔστιν ἀλληλούϊα, s'il y a alleluia.

'Αλληλουϊάριον, ου, τό. Voy. προκείμενον.

'Αλφάβητος, ου, ὁ (class. *alphabet*). Τροπάρια κατὰ ἀλφάβητον; tropaires alphabétiques, c'est-à-dire dont les lettres initiales sont dans l'ordre suivant lequel elles sont disposées dans l'alphabet.

"Αμβων, ωνος, ὁ (class. *bord relevé, éminence, estrade*). Tribune à dais où se fait la lecture de l'Évangile, et d'où les prédicateurs adressent la parole à l'assemblée des fidèles. Elle est placée ordinairement vers le milieu de l'église, sur le côté gauche ou septentrional. Quelques églises en possèdent deux qui sont placées en face l'une de l'autre. = PULPITUM, *chaire*; AMBO, *ambon*.

Ἄμφιον, ου, τὸ (class. *habit, manteau*). 1° Τὰ ἱερὰ ἄμφια, les vêtements sacrés. Voy. στολή. — 2° Linge qui sert à couvrir l'autel. Voy. ὕφασμα, κατασάρκιον, ἐνδυτή, εἰλητόν. = TOBALEA, MAPPA, *nappe*.

Ἄμωμος, ου, ὁ (class. *irrépréhensible*), s. e. ψαλμός. Le psaume 118, ainsi appelé du mot qui est le plus en évidence dans le premier verset : Μακάριοι οἱ ἄμωμοι ἐν ὁδῷ, BEATI IMMACULATI INVIA.

Ἀναβαθμοί, ῶν, οἱ (class. ἀναβαθμός, *montée, degré, marche d'escalier*). 1° Ὠδὴ τῶν ἀναβαθμῶν, cantique des degrés. Cette expression qui correspond à l'hébreu שִׁיר הַמַּעֲלוֹת, sert à désigner chacun des quinze psaumes 119-133, soit parce que ces psaumes étaient chantés pendant les ascensions ou montées des pèlerins à Jérusalem, ville située sur l'un des points culminants de la Palestine, soit parce que les Juifs de la ville sainte les chantaient successivement sur les quinze degrés qu'il fallait gravir pour pénétrer dans le Temple. Telles sont du moins, parmi les nombreuses explications qu'on a données du mot hébreu הַמַּעֲלוֹת, celles qui réunissent le plus de partisans. Mais il en est une autre qui ne se trouve pas dans les commentateurs des psaumes et qui, ainsi qu'on va le voir, semble avoir été consacrée par des textes liturgiques de l'Église grecque. = CANTICUM GRADUUM, PSALMUS GRADUALIS, *psaume graduel*. — 2° Dans le παρακλητική, livre liturgique des Grecs, on appelle ἀναβαθμοί une série de tropaires ou plutôt de versets de composition ecclésiastique,

qui appartiennent à l'office de l'aurore, ὄρθρος. Il y a
huit séries de cette sorte. Chacune d'elles est chantée
suivant l'un des huit modes de la musique religieuse
et se divise en trois groupes appelés ἀντίφωνα, excepté
celle du quatrième mode plagal, qui est divisée en
quatre ἀντίφωνα. Les versets en question ont été nommés ἀναβαθμοί, évidemment parce que leur auteur s'est
proposé d'imiter ceux des psaumes graduels. Or, si
l'on considère que dans ces psaumes on trouve souvent des expressions comme celle-ci : AD TE LEVAVI
OCULOS MEOS QUI HABITAS IN CŒLIS (Ps. 122, 1), on
peut croire que l'hymnographe grec a vu dans ces
paroles le trait caractéristique des chants du psalmiste,
car dans les versets qu'il a composés reviennent très
souvent des phrases telles que celles-ci : ἐν τῷ οὐρανῷ
τὰ ὄμματα ἐκπέμπω μου τῆς καρδίας; ἡ καρδία μου πρὸς σὲ,
Λόγε, ὑψωθήτω, etc. Ainsi le mot ἀναβαθμοί qu'on a traduit de tant de manières, signifierait simplement :
élévations, c'est-à-dire cantique dans lequel l'âme
s'élève vers Dieu ou demande à Dieu de l'élever jusqu'à Lui.

'Αναβόλαιον, ου, τὸ (class. *sorte de manteau*). Voy.
ἀνάλαβος.

'Αναβολή, ῆς, ἡ (class. *sorte d'habit* ou *manteau
de femme*). Voy. ἀνάλαβος.

'Ανάγνωσις, εως, ἡ (class. *action de lire, récitation*). L'action de lire à la Messe, à Vêpres, ou à tout
autre office un passage tiré de l'Écriture sainte, des
écrits des saints Pères ou des vies des Saints. = LEC-
TIO, *lecture*.

'Ανάγνωσμα, ατος, τὸ (class. *ce qu'on lit, ce qu'on
récite*). Passage extrait de l'Écriture sainte, des écrits

des saints Peres ou des vies des Saints, qu'on lit pendant un office. = LECTIO, *leçon*.

'Αναγνώστης, ου, ὁ (class. *celui qui lit* ou *récite*). Clerc auquel a été conféré le premier des ordres mineurs. Il est chargé d'allumer les cierges, de porter un chandelier pendant les processions, de présenter l'encensoir au prêtre, etc. Mais sa fonction principale consiste à lire à haute voix les leçons, ἀναγνώσματα, moins toutefois celles qui sont tirées de l'Évangile, leur lecture étant réservée au diacre ou, à son défaut, au prêtre. = LECTOR, *lecteur;* ACOLYTHUS, *acolythe;* CEROFERARIUS, *céroféraire*.

'Ανάδοχος, ου, ὁ (class. *garant, caution*). Celui qui présente un enfant aux fonts baptismaux et répond qu'il recevra une éducation chrétienne. = SPONSOR, PATRINUS, *parrain*.

'Ανάθεμα, ατος, τὸ (class. *objet placé en haut*, c'est-à-dire *exposé à la vue de tout le monde*). Objet maudit ou personne exposée publiquement à la malédiction par l'autorité ecclésiastique. = ANATHEMA, *anathème*.

'Αναθεμάτισμα, ατος, τὸ, ou 'Αναθεματισμός, ου, ὁ (de ἀνάθεμα, eccl. *objet maudit*). Malédiction prononcée solennellement contre un grand coupable devenu indigne de porter le nom d'enfant de l'Église. Voy. ἀφορισμός. = ANATHEMA, *anathème, anathématisme*.

'Αναθεματισμός, οῦ, ὁ. Voy. ἀναθεμάτισμα.

'Ανακομιδὴ, ῆς, ἡ (class. *action de rapporter, retour*). Cérémonie dans laquelle on transporte des reliques, λείψανα, d'un endroit dans un autre. = TRANSLATIO, *translation*.

Ἀνάλαϐος, ου, ὁ (de ἀναλαμϐάνω, *mettre par dessus*). Habit propre aux moines, qui se compose principalement de deux bandes de drap, descendant depuis les épaules jusqu'en bas, l'une par devant et l'autre par derrière. Il représente la croix que les religieux doivent porter à l'exemple du Sauveur; mais à l'origine il était destiné à protéger la tunique pendant le travail. Quelques auteurs le nomment ἀναϐολή ou ἀναϐολαῖον. Il ne semble pas qu'il faille le distinguer du vêtement appelé παραμανδύας. = SCAPULARIUM, *scapulaire.*

Ἀνάληψις, εως, ἡ (class. *assomption*). La fête qui rappelle le jour où le Sauveur quitta la terre et s'éleva dans les cieux par sa propre vertu. Cette fête est célébrée le jeudi de la sixième semaine après Pâques, c'est-à-dire le quarantième jour après cette solennité. = ASCENSIO DOMINI, *Ascension,*

Ἀναλογεῖον, ου, τὸ (class. *pupitre*), ou **Ἀναλόγιον, ου, τὸ.** Pupitre sur lequel les chantres placent leurs livres. Il présente quatre faces inclinées et tourne sur un pivot. Ordinairement il se dresse au-dessus d'un meuble carré dans lequel on enferme les livres de chant, lorsqu'on cesse de s'en servir. Mais souvent il ne se compose que de ce meuble dont la surface horizontale est employée comme une table pour divers usages. On y dépose par exemple les pains qui doivent être bénis et distribués dans la cérémonie de l'ἀρτοκλασία. = LECTRUM, LECTRINUM, *lutrin.*

Ἀναλόγιον, ου, τὸ. Voy. ἀναλογεῖον.

Ἄναμμα, ατος, τὸ (class. *ce qu'on allume*). Voy. νᾶμα.

Ἀνάμνησις, εως, ἡ (class. *réminiscence*). Voy. μνήμη.

'Αναπαύσιμος, ος, ον (eccl. *relatif au repos, à la mort*). Κανὼν ἀναπαύσιμος, canon dans lequel on prie le Seigneur de faire miséricorde aux défunts et de leur accorder la paix et le repos dans son royaume céleste.

'Ανάργυρος, ου, ὁ (class. *celui qui ne reçoit point d'argent*). Désintéressé. Titre donné dans le calendrier à des Saints qui rendaient des services sans se les faire payer, par exemple aux saints médecins Cosme et Damien.

'Αναστασιματάριον, ου, τὸ. Livre liturgique contenant le texte noté des στιχηρὰ ἀναστάσιμα qui se chantent le dimanche à Vêpres et à Laudes, et qui sont extraits de l'ὀκτώηχος ou παρακλητική.

'Αναστάσιμον, ου, τὸ. Voy. ἀναστάσιμος.

'Αναστάσιμος, ος, ον (eccl. *qui concerne la résurrection*). Κανὼν ἀναστάσιμος, canon dans lequel la résurrection de Notre Seigneur et ses conséquences sont célébrées. Τὸ ἀναστάσιμον, s. e. τροπάριον, tropaire dans lequel la résurrection de Notre Seigneur est glorifiée.

'Ανατολικόν, οῦ, τὸ. Voy. ἀνατολικός.

'Ανατολικός, ή, όν (eccl. *relatif à Anatolius*). Τροπάριον ἀνατολικόν, ou simplement ἀνατολικόν, tropaire composé par Anatolius, 'Ανατόλιος, disciple de Théodore Studite et patriarche de Constantinople.

'Αναφορά, ᾶς, ἡ (class. *mouvement de bas en haut*). Dans la Palestine on appelle ainsi quelquefois le voile destiné à couvrir le calice et la patène, et dont le nom habituel est ἀήρ.

'Ανθολόγιον, ου, τὸ (class. *collection de fleurs; recueil de morceaux choisis*). Anthologe. On appelle ainsi un livre liturgique contenant l'abrégé de plusieurs

autres livres, particulièrement des μηναῖα. Sa composition date de la fin du xvıᵉ siècle.

"**Ανθος, ους, τὸ** (class. *fleur*). La liturgie grecque
comporte l'emploi des fleurs dans certaines circonstances. Ainsi le troisième dimanche du Carême, à
l'Adoration de la Croix, Σταυροπροσκύνησις, le plateau,
δίσκος, sur lequel la Croix est placée doit être orné
de fleurs. De même, le Vendredi-Saint, le Tombeau
du Christ, Ἐπιτάφιον, qui est porté processionnellement,
disparaît sous les fleurs les plus variées. A l'issue de
ces cérémonies toutes ces fleurs sont distribuées aux
assistants.

Ἀνοιξαντάρια, ων, τὰ. L'office des Vêpres débute
par la lecture du psaume 103, dit Προοιμιακός, lecture
que fait le président du chœur. Mais dans certaines
circonstances celui-ci termine sa récitation au milieu
du verset 28, après le mot συλλέξουσιν, et alors ce qui
reste du psaume à partir du mot ἀνοίξαντος, est chanté
par les chantres. Or, ce sont ces derniers versets
qu'on désigne par l'expression ἀνοιξαντάρια, à cause
de ce mot ἀνοίξαντος par lequel ils commencent.

Ἀνοίξια, ων, τὰ. Voy. ἄνοιξις.

"**Ανοίξις, εως, ἡ** (class. *action d'ouvrir*), plus souvent au pluriel Ἀνοίξεις, εων, αἱ, ou Ἀνοίξια, ων, τὰ
(eccl. même sens). 1° Ouverture d'une église, c'est-à-
dire action de la livrer au culte pour la première fois,
après sa consécration, ἐγκαίνια. — 2° Réouverture d'une
église qui avait été profanée, c'est-à-dire action de la
livrer de nouveau au culte, après sa réconciliation.

Ἀντερίον, ου, τὸ (comparez le bas-lat. ANTERIUM,
poitrail). Habit long que portent les ecclésiastiques.
La soutane grecque est boutonnée non au milieu,
mais sur un des côtés de la poitrine. Voy. χαλάσιρις.

Ἀντίδωρον, ου, τὸ (class. *don fait en retour d'un autre*). Pain divisé en menus fragments qui sont distribués aux assistants à l'issue de la Messe. On l'appelle encore, mais moins souvent, κατακλαστόν. Ce pain est celui de l'offrande, προσφορά, dont le prêtre, dans la cérémonie préparatoire à la Messe, πρόθεσις, a préalablement détaché l'hostie et les parcelles qu'il doit consacrer. C'est de la main même de l'officiant que chaque fidèle qui n'a pas communié vient recevoir un des fragments en question, afin de participer extérieurement à la bénédiction des saints mystères. = EULOGIA, *pain bénit*.

Ἀντιμήνσιον, et variantes moins correctes, **Ἀντιμήσσιον, Ἀντιμένσιον, Ἀντιμίσσιον, ου, τὸ** (du gr. ἀντί *au lieu de, à la place de*, et du lat. MENSA, *table*). Littér. ce qui remplace la table, c'est-à-dire l'autel; car, chez les Grecs l'autel a encore la forme d'une table à quatre pieds et s'appelle τράπεζα. L'ἀντιμήνσιον est un linge blanc de 50 à 60 centimètres carrés environ, sur lequel sont figurés les instruments de la passion et l'ensevelissement de Notre Seigneur, et qui porte à l'un de ses angles des reliques de saints, λείψανα, fixées par une sorte de ciment, κηρομαστίχη, dans lequel elles ont été coulées. L'évêque le consacre solennellement avec des rites semblables à ceux qui servent à la consécration d'un autel. Comme son nom l'indique, il était destiné autrefois à convertir en autel propre au Saint Sacrifice une simple table non consacrée, de sorte que l'emploi qu'en faisaient les Grecs permettait de l'assimiler à l'autel portatif des Latins. Mais depuis une époque qui ne peut être très ancienne, l'usage s'est établi de le déployer à l'Offertoire de la Messe sur tout autel, qu'il soit consacré ou non. Or, sur un autel consacré il devrait suffire d'étendre le

corporal, εἰλητόν, comme le prouvent les rubriques qui
accompagnent les prières de la Messe. Celles-ci, en
effet, indiquent à quel moment le prêtre doit dérou-
ler l'εἰλητόν, et ne font aucune mention de l'ἀντιμήνσιον, évidemment parce qu'il est sous-entendu que
le Saint Sacrifice est offert sur un autel consacré.
Maintenant l'εἰλητόν est utilisé principalement pour
protéger l'ἀντιμήνσιον : il se place sous ce dernier quand
on le déploie sur l'autel, et il sert à l'envelopper, quand
on le plie à la fin de la Messe. = ALTARE PORTATILE,
autel portatif, pierre d'autel.

Ἀντιμήσσιον, ου, το. Voy. ἀντιμήνσιον.

Ἀντιμένσιον, ου, τὸ. Voy. ἀντιμήνσιον.

Ἀντιμέσσιον, ου τὸ. Voy. ἀντιμήνσιον.

Ἀντίπασχα, τὸ (de ἀντί, *contre, en face de,* et Πάσχα,
Pâques). Ἡ κυριακὴ τοῦ Ἀντίπασχα, le dimanche qui
vient après la fête de Pâques, le deuxième du πεντηκοστάριον, c'est-à-dire de l'espace de cinquante
jours compris entre les solennités de Pâques et de la
Pentecôte inclusivement. On l'appelle encore ἡ κυριακὴ
τῆς ψηλαφήσεως τοῦ Θωμᾶ, le dimanche de l'attouchement des plaies de Notre Seigneur par S. Thomas,
ou simplement ἡ κυριακὴ τοῦ Θωμᾶ, le dimanche de
S. Thomas, parce que ce jour-là on lit à la Messe
l'Évangile où est rapportée la mémorable rencontre
du Sauveur et de cet Apôtre après la Résurrection.
= DOMINICA IN ALBIS IN OCTAVA PASCHÆ, *le dimanche de Quasimodo, le dimanche dans l'Octave de
Pâques.*

Ἀντίφωνον, ου, τὸ (ἀντίφωνος, ος, ον, class. *qui
répond, qui renvoie le son*). Chant qui est exécuté
alternativement par les deux chœurs. = ANTIPHONA,

antienne. — On désigne spécialement par ce nom : 1° la réunion d'un certain nombre des versets appelés ἀναϐαθμοί. Chaque série d'ἀναϐαθμοί est divisée en trois ἀντίφωνα, sauf celle du quatrième mode plagal qui en contient quatre ; — 2° la réunion de quelques versets tirés des psaumes, après chacun desquels on répète une certaine formule en forme de refrain. Ces ἀντίφωνα se chantent à la Messe au nombre de trois avant la première procession, πρώτη εἴσοδος ; — 3° la réunion de plusieurs tropaires que l'on chante le Jeudi-Saint. Il y a quinze ἀντίφωνα de cette sorte.

᾽Ανώνυμοι, ων, οἱ (ἀνώνυμος, ος, ον, class. *qui n'a pas de nom*). Anonymes. On appelle ainsi les catégories de bienheureux qui ont un ἀπολυτίκιον et un κοντάκιον communs et qui les prêtent aux offices de saints ne possédant pas en propre des tropaires ainsi nommés. = COMMUNE SANCTORUM, *commun des saints*. — Ces catégories sont déterminées par les expressions suivantes : ᾽Ασώματοι, Anges ; εἷς Προφήτης, un Prophète ; πολλοὶ Προφῆται, plusieurs Prophètes ; εἷς ᾽Απόστολος, un Apôtre ; πολλοὶ ᾽Απόστολοι, plusieurs Apôtres ; εἷς Μάρτυς, un Martyr ; πολλοὶ Μάρτυρες, plusieurs Martyrs ; εἷς ῾Ιερομάρτυς, un Prêtre ou un Pontife martyr ; εἷς ῾Ιεράρχης, un Pontife ; πολλοὶ ῾Ιεράρχαι, plusieurs Pontifes ; εἷς ῞Οσιος, un Moine ; εἷς ῞Οσιος ὁ οὐκ ἐν ἐρήμῳ πολιτευσάμενος, un Moine qui n'a pas lutté dans le désert ; πολλοὶ ῞Οσιοι, plusieurs Moines ; Μάρτυς γυνή, Femme martyre ; Παρθένος, Vierge.

᾽Αξίωμα, ατος, τὸ (class. *mérite, considération*). Fonction éminente dans l'Église. = DIGNITAS, *dignité*.

᾽Απαμφίασις, εως, ἡ (class. *action de déshabiller*). Action de dégarnir un autel de tous les objets qui le

recouvrent avant de commencer le lavage, ἔκπλυσις, qui
doit en être fait le Jeudi-Saint.

'Απόδειπνον, ου, τὸ (ἀπόδειπνος, ος, ον, class. *qui
a fini de souper*). Littéralement l'après-souper, c'est-
à-dire l'heure canoniale qui se dit après le repas du
soir et qui complète le service divin commencé à la
pointe du jour. C'est en même temps la dernière des
heures canoniales du jour civil qui s'étend d'un minuit
à l'autre. Mais c'est la deuxième de l'office, si on
la considère par rapport au jour ecclésiastique dont
la durée est comprise entre deux couchers de soleil,
la première étant celle des Vêpres, 'Εσπερινός. = COM-
PLETORIUM, *Complies.* — Τὸ μέγα 'Απόδειπνον, les grandes Complies. Cet office, qui est fort long, ne se dit
guère que pendant le Carême. — Τὸ μικρὸν 'Απόδειπνον,
les petites Complies. Cet office, beaucoup plus court
que le précédent, se dit tous les jours de l'année en
dehors du Carême.

Απόδοσις, εως, ἡ (class. *restitution, représentation,
conclusion*). Conclusion d'une fête de Notre-Seigneur
ou de la Sainte Vierge, qui a été prorogée pendant
un certain nombre de jours. La durée de cette proro-
gation varie d'après l'importance de la fête et d'après
le jour où celle-ci tombe, si ce jour appartient au temps
du Carême. Mais le plus souvent l'ἀπόδοσις a lieu le
huitième jour, après la célébration de la fête. = OCTAVA,
octave. — Γίνεται ἡ ἀπόδοσις τῆς ἑορτῆς, ou ἀποδίδοται ἡ
ἑορτή, on termine la fête. = *on fait l'octave de la
fête.*

'Αποκήρυξις, εος, ἡ (class. *bannissement, pro-
scription*). Voy. ἀφορισμός.

'Αποκουκουλισμός, οῦ, ὁ (de ἀπό, prépos. indiquant l'éloignement, et κουκούλλιον, *capuce*). Lorsqu'un

religieux a revêtu la capuce, κουκούλλιον (Voy. σχῆμα, μεγαλόσχημος), il la porte pendant huit jours, et, ce temps écoulé, il la dépose dans une cérémonie spéciale nommée ἀποκουκουλισμός, ce qui signifie qu'à partir de ce moment il sera libre de prendre ou de quitter, suivant les circonstances, ce vêtement qui lui appartient désormais.

'**Αποκρέα, ας, ἡ.** Voy. ἀπόκρεως.

'**Απόκρεως, ω, ἡ** ou '**Αποκρέα, ας, ἡ** (eccl. ἀπόκρεως, ως, ων, *relatif à l'abstinence de viande*), s. e. ἑβδομάς. Littéralement la semaine de l'abstinence de la viande, mais en réalité la semaine qui précède le temps où l'usage de la viande sera interdit. = *La semaine qui précède le dimanche de la Sexagésime.* — Ἡ ἀπόκρεως κυριακή ou ἡ κυριακὴ τῆς 'Απόκρεως (s. e. ἑβδομάδος), le dimanche qui vient après la semaine de l'abstinence de la viande, c'est-à-dire le dernier dimanche où il soit permis de manger de la viande. = DOMINICA IN SEXAGESIMA, *Sexagésime*.

'**Απόλουσις, εως, ἡ** (class. *ablution*). Quand un enfant a été baptisé, ses parents doivent éviter pendant huit jours de laver les parties de son corps qui ont été ointes avec le saint Chrème, ἅγιον Μύρον, car, en le faisant, ils profaneraient ce dernier. Mais après ces huit jours ils rapportent l'enfant à l'église, et le prêtre lave à l'aide d'une éponge, en récitant certaines prières, tous ses membres qui ont reçu l'onction sainte, et l'eau qui sert à ce lavage est jetée ensuite dans la piscine. C'est cette cérémonie qui est appelée ἀπόλουσις. Elle est suivie d'une oraison à la suite de laquelle le prêtre coupe à l'enfant quelques cheveux en forme de croix tout en prononçant une formule spéciale. On nomme cette tonsure τριχοκουρία.

Ἀπόλυσις, εως, ἡ (class. *délivrance, affranchissement; départ*). 1º Le renvoi des assistants que fait le prêtre à la fin d'un office, en récitant une prière spéciale. = MISSA, *messe* (ce mot étant pris avec sa signification primitive). — 2º La fin d'une cérémonie quelconque. — 3º La prière spéciale que le prêtre prononce, lorsqu'il congédie l'assemblée. Cette prière varie suivant la fête et la nature de la cérémonie.

Ἀπολυτίκιον, ου, τὸ (ἀπολυτίκιος, α, ον, class. *qui délivre, qui affranchit*), s. e. τροπάριον. Tropaire qui se chante à la fin de l'office du soir, avant l'ἀπόλυσις, ou renvoi des assistants. Chaque fête a son ἀπολυτίκιον spécial, qui est le plus ancien des tropaires qui lui sont propres. C'est pour cela qu'on l'appelle souvent τό τροπάριον τῆς ἡμέρας, le tropaire du jour, ou simplement τροπάριον. Bien qu'appartenant spécialement à l'office des vêpres, il est chanté également à celui des laudes et quelquefois à la messe.

Ἀπόστιχον, ου, τὸ (de ἀπὸ, *de, hors de*, et στίχος, *verset*), s. e. τροπάριον. Littéralement : tropaire provenant d'un verset. On appelle ainsi un tropaire qui est précédé d'un verset, dont il développe la pensée. Les ἀπόστιχα, qui sont une variété de στιχηρά, se chantent à la fin des vêpres

Ἀποστολικόν, οὖ, τὸ. Voy. ἀποστολικός.

Ἀποστολικός, ή, όν (eccl. *relatif aux apôtres*). Τροπάριον ἀποστολικόν, ou absolument ἀποστολικόν, tropaire dans lequel les Apôtres sont loués ou invoqués. Βιβλίον ἀποστολικόν, épistolier. Voy. ἀπόστολος.

Ἀπόστολος, ου, ὁ (class. *envoyé*). 1º Un des douze disciples que Jésus-Christ chargea de prêcher l'Évangile. = APOSTOLUS, *apôtre*. — 2º Nom donné à six des saints personnages cités par S. Paul dans le der-

nier chapitre de l'Épître aux Romains, lesquels sont
fêtés le 31 octobre. — 3° Le livre qui contient les
extraits des Épîtres et des Actes des Apôtres, disposés
dans l'ordre où ils doivent être lus pendant tout le
cours de l'année. On l'a ainsi appelé parce que la plupart de ces extraits sont tirés des Épîtres de S. Paul,
l'Apôtre par excellence. Quelquefois on le désigne
par le mot Πραξαπόστολος, qui signifie : livre contenant
les Épîtres et les Actes des Apôtres, ou encore par
l'expression Βιβλίον ἀποστολικόν. = EPISTOLARIUM, *épistolier*. — 4° Leçon qui est lue à la messe avant
l'Évangile et qui est extraite des Actes des Apôtres
ou des Épîtres, le plus souvent de celles de l'Apôtre
S. Paul. Dans ce sens on ne dit jamais ἐπιστολή. =
EPISTOLA, *épître*.

᾿Αποτομή, ῆς, ἡ (class. *action de couper*). ῾Η ᾿Απο-
τομὴ τῆς κεφαλῆς τοῦ Προδρόμου καὶ Βαπτιστοῦ ᾿Ιωάννου, la
Décapitation du Précurseur Jean-Baptiste, dont
l'anniversaire est célébré le 29 août. = DECOLLATIO
S. JOANNIS BAPTISTAE, *Décollation de S. Jean-Baptiste*.

᾿Αργία, ας, ἡ (class. *interruption des travaux, repos*).
Cessation de tout travail servile imposée aux fidèles
le jour où est célébrée une fête d'obligation. = CESSA-
TIO AB OPERE, *chômage*.

᾿Αρραβών, ῶνος, ὁ (class. *arrhes, gage*). Voy.
μνῆστρα.

᾿Αρτοκλασία, ας, ἡ (de ἄρτος, *pain*, èt κλῶ, *rompre*).
La Fraction du pain, cérémonie qui a lieu à l'office des
vêpres, lorsque celui-ci doit être suivi d'une vigile,
ἀγρυπνία. Elle consiste dans la bénédiction de cinq
pains et d'une certaine quantité de vin et d'huile, et
dans la distribution qui en est faite aux assistants,

lesquels doivent puiser dans ces aliments la force nécessaire pour supporter l'insomnie et soutenir des chants prolongés.

Ἄρτος, ου, ὁ (class. *pain*). 1° Tout pain dont on fait usage dans une cérémonie, par exemple dans celle qui est appelée ἀρτοκλασία. — 2° Ὁ Ἅγιος Ἄρτος, le Pain sacré, c'est-à-dire le pain de l'offrande, προσφορά, changé par la consécration au Corps de Notre Seigneur. = HOSTIA, *Hostie, Pain Eucharistique.*

Ἀρτοφόριον ou **Ἀρτοφόρον, ου, τό** (class. *vase* ou *panier à porter le pain*). Vase sacré dans lequel est conservé le Saint Sacrement ou Pain Eucharistique, Ἅγιος Ἄρτος. Il affecte de nombreuses formes. Tantôt c'est une sorte de cassette richement ornée, tantôt c'est une colombe, περιστερά, faite d'un métal précieux; quelquefois c'est une simple bourse de soie. = PYXIS, *ciboire*; CUSTODIA, *custode.*

Ἀρτοφορόν, ου, τό. Voy. ἀρτοφόριον.

Ἀρχάριος, ου, ὁ (de ἀρχή, *commencement*). Celui qui est entré récemment dans une communauté religieuse, et qui est éprouvé pendant un certain temps avant d'être admis parmi les μιχρόσχημοι, qui forment la deuxième catégorie des moines, μοναχοί. Il est vêtu de la courte tunique appelée ῥάσον; aussi est-il souvent désigné par le mot ῥασοφόρος. = NOVICIUS, *novice.*

Ἀρχιγραμματεύς, έως, ὁ (class. *chef des scribes*). Ecclésiastique qui fait les fonctions de chef du secrétariat patriarchal. = EPISTOLARUM MAGISTER, PRIMUS SECRETARIORUM, *premier secrétaire.* — Au-dessous de lui sont placés le secrétaire, γραμματεύς, et le sous-secrétaire, ὑπογραμματεύς.

Ἀρχιδιάκονος, ου, ὁ (de ἄρχω, *être à la tête de*, et

διάκονος, *diacre*). Chef des diacres. On dit quelquefois
ἀρχιδιάκων. = ACHIDIACONUS, *archidiacre*. — Ὁ Μέγας
᾿Αρχιδιάκονος, le Grand Archidiacre, c'est-à-dire l'archidiacre d'une église patriarchale.

᾿Αρχιδιάκων, ονος, ὁ. Voy. ἀρχιδιάκονος.

᾿Αρχιεπισκοπεία, ας, ἡ (de ἀρχιεπίσκοπος, *archevêque*). Dignité d'archevêque. = ARCHIEPISCOPATUS,
archiépiscopat.

᾿Αρχιεπισκοπή, ῆς, ἡ (de ἄρχω, *être à la tête de*,
et ἐπισκοπή, *épiscopat*, *évêché*). 1° Dignité d'archevêque. = ARCHIEPISCOPATUS, *archiépiscopat.* —
2° Territoire soumis à la juridiction d'un archevêque.
= ARCHIDIŒCESIS, *archidiocèse*; PROVINCIA ECCLE-
SIASTICA, *province ecclésiastique.*

᾿Αρχιεπισκοπικός, ή, όν (eccl. *qui concerne l'archevêque*). ᾿Αρχιεπισκοπικὸς οἶκος, maison habitée par un
archevêque. = *Palais archiépiscopal.*

᾿Αρχιεπίσκοπος, ου, ὁ (de ἄρχω, *commander*, et
ἐπίσκοπος, *évêque*). Évêque placé à la tête d'une province ecclésiastique et ayant sous sa juridiction les
autres évêques de cette province. = ARCHIEPISCOPUS,
archevêque.

᾿Αρχιερατικός, ή, όν (class. *qui concerne le grand-
prêtre* ou *lui appartient*). Qui appartient au pontife,
ἀρχιερεύς, c'est-à-dire à l'évêque. — Ἡ ἀρχιερατικὴ
στολή, les vêtements pontificaux ou épiscopaux.

᾿Αρχιερεύς, εως, ὁ (class. *grand-prêtre*). Ce nom
est souvent employé dans les rubriques, ainsi que
ἱεράρχης, pour désigner l'évêque, ἐπίσκοπος. Ὁ τῆς
῾Ρώμης ᾿Αρχιερεύς, *le Grand-Prêtre de Rome, le Pape.*
= PONTIFEX, *pontife.*

᾿Αρχιμανδρίτης, ου, ὁ (de ἄρχω, *être à la tête de*,

et μάνδρα, class. *étable pour les troupeaux, tout lieu fermé par des cloisons;* eccl. *cloître, monastère*). Archimandrite. Autrefois ce nom était donné au chef ou supérieur d'un monastère, de sorte qu'il était l'équivalent d'ABBAS et d'*abbé*. Mais il a été remplacé dans ce sens par le mot ἡγούμενος. Aujourd'hui c'est un simple titre honorifique accordé par un patriarche à un ecclésiastique qu'il veut élever en dignité. Le premier d'entre les archimandrites qui résident auprès d'un patriarche est appelé Μέγας Ἀρχιμανδρίτης.

Ἀρχιστράτηγος, ου, ὁ (class. *général en chef*). Titre donné dans le calendrier aux archanges Michel et Gabriel, qui sont à la tête des armées célestes.

Ἄρχων, οντος, ὁ (class. *commandant, chef*). 1° Ecclésiastique chargé d'un ministère spécial ou dirigeant un service particulier dans une église cathédrale. — 2° Ὁ Ἄρχων τῶν ἐκκλησιῶν, le Préfet des églises. On appelle ainsi un officier ecclésiastique du Patriarchat dont la fonction consiste principalement à écrire les inscriptions que doivent porter les ἀντιμήνσια, et à rédiger les actes donnant l'autorisation de construire des églises, σταυροπήγια.

Ἀσματικός, ή, όν (eccl. *musical, qui est chanté*). Τὸ ἀσματικόν, le mélodique. On désigne ainsi quelquefois le τρισάγιον, lorsqu'il est chanté.

Ἀσπασμός, οῦ, ὁ (class. *accueil favorable; embrassement; salut*). Action de baiser le livre des Évangiles, une sainte Image, la main d'un prêtre ou d'un évêque, le visage d'un mort, etc. = OSCULUM, *baiser*.

Ἀστερίσκος, ου, ὁ. Voy. ἀστήρ.

Ἀστήρ, έρος, ὁ (class. *étoile*) ou **Ἀστερίσκος,**

ου, ὁ (class. *étoile*). Petit instrument composé de deux lames de métal précieux, croisées l'une sur l'autre et fixées ensemble par un écrou à tête en forme d'étoile ou de croix. Tantôt ces lames sont en demi-cercle, tantôt elles sont recourbées en équerre à leurs extrémités. Posé sur la patène, δίσκος, de façon à ce que ses pieds ne touchent ni la Sainte Hostie, Ἅγιος Ἄρτος, ni les saintes parçelles, μερίδες, cet instrument préserve celles-ci du contact du voile particulier, δισκοκάλυμμα, qui doit les couvrir. = ASTERISCUS, *astérisque*.

Ἀσώματος, ου, ὁ (ἀσώματος, ος, ον, class. *incorporel, sans corps*). Esprit bienheureux qui n'est point destiné à être uni à un corps. = ANGELUS, *ange*. — Voy. ἀνώνυμος.

Ἄσωτος, ου, ὁ. L'enfant Prodigue. Ἡ κυριακὴ τοῦ Ἀσώτου, le dimanche de l'Enfant Prodigue, le deuxième du Τριῴδιον, c'est-à-dire du temps préparatoire à la fête de Pâques. Il est ainsi appelé parce que ce jour-là on lit à la messe l'Évangile de S. Luc où la parabole de l'Enfant Prodigue est rapportée. = DOMINICA IN SEPTUAGESIMA, *septuagésime*.

Αὐτόμελον, ου, τὸ. Voy. αὐτόμελος.

Αὐτόμελος, ος, ον (eccl. *qui a sa mélodie particulière*). Τροπάριον αὐτόμελον, ou absolument αὐτόμελον, tropaire qui se chante sur une mélodie qui lui appartient en propre. On l'appelle plus souvent ἰδιόμελον.

Ἀφορισμός, οῦ, ὁ (class. *délimitation; séparation*). Punition ecclésiastique, par laquelle un chrétien est séparé de la communion de l'Église. On désigne également celle-ci par le mot ἀποκήρυξις. = EXCOMMUNICATIO, *excommunication*.

Ἀφορκισμός οῦ, ὁ (byz. *adjuration*). Voy. ἐξορκισμός.

Ἀχηϐάδα ou **Ἀχυϐάδα, ας, ἡ** (gr. mod. *came* ou
chame, sorte de coquillage bivalve). Mot employé
dans la langue vulgaire pour désigner l'abside d'une
église. Voy. κόγχη.

Ἀχυϐάδα, ας, ἡ. Voy. ἀχηϐάδα.

Ἀψές ou **Ἀψές, ίδος, ἡ** (class. *voûte, cintre*).
Abside d'une église. Voy. κόγχη.

B

Βαΐον ou **Βάϊον, ου, τό** (class. *feuille* ou *rameau
de palmier*). Feuille de palmier, et, par extension,
branche d'olivier, de myrte, de laurier, etc. Τὰ Βαΐα,
les feuilles ou les branches qui sont bénites et distribuées au peuple le dimanche des Rameaux. = RAMI
PALMARUM, OLIVARUM, etc., *feuilles de palmier,
branches d'olivier, de buis, de laurier, de houx*, etc.
Ἡ κυριακὴ τῶν Βαΐων, ἡ ἑορτὴ τῶν Βαΐων. = DOMINICA IN
PALMIS, *le dimanche des Rameaux, Pâques fleuries,
la fête des Rameaux.*

Βαϊοφόρος, ου, ἡ (βαϊοφόρος, ος, ον, class. *qui porte
un rameau de palmier*), s. e. ἡμέρα. Le jour où l'on
porte des palmes. Ce mot est l'équivalent de ἑορτὴ τῶν
Βαΐων.

Βακτηρία, ας, ἡ (class. *bâton pour s'appuyer en
marchant*). Voy. ῥάϐδος.

Βάπτισις, εως, ἡ. Voy. βαπτισμός.

Βάπτισμα, ατος, τό (class. *action de plonger, d'en-*

foncer). Celui des sept sacrements de l'Église qui efface le péché originel, et que l'on confère en immergeant l'enfant ou le catéchumène dans la piscine, κολυμβήθρα, pendant qu'on prononce les paroles sacramentelles. Voy. φῶς, φώτισμα, φωτισμός. = BAPTISMA, *baptême.*

Βαπτισμός, οῦ, ὁ, ou **Βάπτισις, εως, ἡ** (class. *action d'immerger, d'enfoncer*). Action par laquelle on plonge un enfant ou un catéchumène dans la piscine, κολυμβήθρα, lorqu'on lui confère le baptême, βάπτισμα.

Βαπτιστήριον, ου, τὸ (class. *salle où l'on se baigne*). Voy. λουτήρ.

Βαρέα, ας, ἡ. Voy. βαρύς.

Βαρύς, εῖα, ύ (class. *pesant, lourd, grave*). Qui appartient au bas de la gamme; qui s'exécute avec une certaine lenteur. — Ἦχος βαρύς, mode grave. Voy. ἦχος. — Ἡ βαρέα, le son lent et grave d'une cloche, καμπάνα, ou d'un σήμαντρον. Κρούειν τὰς βαρέας, sonner le glas.

Βασιλικόν, οῦ, τὸ (class. *basilic*, littéralement *herbe royale*). Basilic, plante de la famille des Labiées, dont il est fait usage dans certaines cérémonies, par exemple dans celle de l'exaltation et de l'adoration de la Croix, le 14 septembre.

Βασιλικός, ή, όν (class. *royal*). Ἡ βασιλική πύλη, la porte royale. On appelait ainsi autrefois à Constantinople la grande porte, μεγάλη πύλη, par laquelle on entre dans une église. C'était là que le clergé recevait l'empereur, βασιλεύς, lorsqu'il venait assister à un office. Ce nom fut également donné à la porte conduisant du narthex, νάρθηξ, dans la nef, ναός, parce qu'avant de la franchir, l'empereur déposait sa couronne ainsi que les autres emblèmes de sa puissance. Enfin on s'en est même servi pour désigner la porte centrale de l'iconostase, τέμπλον, c'est-à-dire la porte sainte, ἁγία θύρα, parce que les empereurs s'étaient arrogé le droit de pénétrer dans le sanctuaire, ἱερατεῖον, dont l'accès est réservé uniquement aux membres du clergé. C'est même avec cette dernière signification qu'on le trouve le plus souvent dans les rubriques. Dans ce cas on l'emploie ordinairement au pluriel : αἱ βασιλικαὶ πύλαι. Voy. θύρα, ὡραῖος, βηλόθυρον.

Βασταγάριος, ου, ὁ (byz. *porteur*). Officier ecclésiastique d'une cathédrale, qui est chargé de porter à la procession, εἰς τὴν Λιτήν, l'image du Saint qui est fêté.

Βηλόθυρον, ου, τὸ (byz. *portière*, c'est-à-dire *rideau placé devant une porte*, du lat. VELUM, *voile*, et du gr. θύρα, *porte*). On donnait ce nom au rideau mobile qui, placé derrière l'iconostase, τέμπλον, est tendu à certains moments contre la porte sainte, ἁγία θύρα, formée généralement d'une grille, afin d'empêcher complètement les regards de pénétrer dans le sanctuaire. Mais, comme le sanctuaire dans lequel on entre par la porte sainte est appelé très souvent βῆμα, les Grecs ont peu à peu changé le mot gréco-latin βηλόθυρον en βημόθυρον, de sorte que cette expression, devenue synonyme de ἁγία θύρα, ne désigne plus le rideau de la porte sainte, mais bien la porte sainte elle-même. Voy. θύρα, καταπέτασμα.

Βῆμα, ατος, τὸ (class. *pas*; *gradin*; *estrade*, *tribunal*). Τὸ βῆμα, τὸ ἅγιον βῆμα, τὸ ἱερὸν βῆμα, le Sanctuaire, c'est-à-dire la partie de l'église élevée de plusieurs degrés au-dessus du sol de la nef, où se dressent l'autel et le trône de l'évêque. Dans les basiliques ou

palais de justice du Bas-Empire, avant leur transformation en temples chrétiens, c'est là que s'élevait le
βῆμα, ou tribunal du préteur. Voy. ἱερατεῖον.

Βημόθυρον, ου τὸ. Voy. βηλόθυρον.

Βιβλίον, ου, τὸ (class. *tablettes; cahier; livre*),
ou **Βίβλος, ου, ἡ** (class. *écorce du papyrus; papier;
livre*). Βιβλίον ἐκκλησιαστικόν ou βίβλος ἐκκλησιαστική,
livre ecclésiastique ou liturgique, c'est-à-dire contenant les prières officielles de l'Église ainsi que les
rubriques qui les accompagnent. = LIBER ECCLESIAS-
TICUS ou LITURGICUS. — Les livres liturgiques grecs
peuvent se diviser en : 1° Livres liturgiques proprement dits, dont les noms sont les suivants : Εὐχολόγιον,
Ὡρολόγιον, Λειτουργίαι, Εὐαγγέλιον, Τετραευαγγέλιον, Ἀπόστολος, Ψαλτήριον, Παρακλητική ou Ὀκτώηχος, Τριῴδιον,
Πεντηκοστάριον, Μηναῖα, Μηνολόγιον, Θεοτοκάριον, Συναξάριον, Τυπικόν; 2° Livres liturgiques, de composition
plus récente, formés d'extraits tirés des livres précédents qui sont volumineux et qu'on n'a pas toujours
tous sous la main. Les principaux s'appellent : Ἀνθο-
λόγιον, Ἁγιασματάριον, Εἱρμολόγιον, Ἑορτολόγιον, Κοντακάριον, Διακονικόν, Ἱερατικόν ou Ἱεροτελεστικόν; 3° Livres
liturgiques notés, à l'usage des chantres, dont le
contenu et les titres, moins fixes, varient au gré des
éditeurs. Voici les noms des plus répandus : Πανδέκτη
τῆς ἐκκλησιαστικῆς ὑμνῳδίας, Ἐγκυκλοπαιδεία τῆς ἐκκλησιαστικῆς μουσικῆς, Εἱρμολόγιον, Δοξαστάριον, Ἀναστασιμα-
τάριον, Μουσικὸν ἐγκόλπιον. — La seule édition catholique
des livres liturgiques proprement dits est celle dont
l'Imprimerie romaine de la Propagande a commencé
la publication et qui ne tardera pas à être terminée.

Βίβλος, ου, ἡ. Voy. βιβλίον.

Βιχίον, ου, τὸ (class. *petite amphore*). Voy. χανίον. Ce mot est écrit quelquefois, à tort, βυχίον.

Βόρεος, ος, ον (class. *du nord, septentrional*). Voy. χλίτος, θύρα.

Βουτιστής, οῦ, ὁ (du gr. mod. βουτῶ, *plonger, immerger*). Ecclésiastique qui, pendant la cérémonie du baptême, est chargé de plonger l'enfant dans la piscine pendant que le prêtre prononce les paroles sacramentelles.

Βυχίον, ου, τὸ. Voy. βιχίον.

Βωμός, οῦ, ὁ (class. *autel ; socle, piédestal*). Piédestal cylindrique ou carré, formé d'une ou de plusieurs pierres, qui supporte la table d'un autel. Voy. χίων.

Γ

Γάμος, ου, ὁ (class. *mariage*). Celui des sept sacrements qui a été institué pour Notre-Seigneur pour sanctifier l'union légitime de l'homme et de la femme. Voy. μνῆστρα, στεφάνωμα. = MATRIMONIUM, *mariage*.

Γεδέχιον, ου, τό (turc ﺟﻨﻴﺪك, *cheval de main*). Ce mot, qui dans la langue turque est le nom du cheval qu'un cavalier conduit à côté de celui sur lequel il est monté, a passé dans la langue liturgique grecque pour désigner un siège placé près du trône épiscopal, mais plus bas et moins orné, sur lequel l'évêque s'asseoit dans les cérémonies où il n'officie pas pontificalement. Il est donc synonyme de παραθρόνιον.

Γενέθλια, ων, τὰ. Voy. γενέθλιον.

Γενέθλιον, ου, τὸ (class. *jour de naissance*), ou au plur. **Γενέθλια, ων, τὰ** (class. *fête par laquelle on célèbre le jour de la naissance*). Voy. γέννησις

Γενέσια, ων, τὰ. Voy. γενέσιον.

Γενέσιον, ου, τὸ (class. *jour de naissance*), ou au plur. **Γενέσια, ων, τὰ** (class. *fête par laquelle on célèbre l'anniversaire d'une naissance*). Voy. γέννησις.

Γέννησις, εως, ἡ (class. *génération, naissance*). 1° Ἡ Χριστοῦ Γέννησις, la Naissance du Christ, dont la fête est célébrée le 25 décembre. On dit aussi τὰ Χριστούγεννα. Cette fête est appelée également Πάσχα, ou mieux μικρὸν Πάσχα, par opposition à la grande solennité de la Résurection, Ἀνάστασις, ou de Pâques, proprement dit, Ἅγιον Πάσχα. = NATIVITAS DOMINI, *Nativité de Notre-Seigneur, Noël.* — 2° Ἡ Γέννησις τῆς Θεοτόκου, la Naissance de la Mère de Dieu, dont la fête est célébrée le 8 septembre. = NATIVITAS B. M. V., *Nativité de la Sainte-Vierge.* — 3° Ἡ Γέννησις τοῦ προδρόμου καὶ Βαπτιστοῦ Ἰωάννου, la Naissance du Précurseur. On en fête l'anniversaire le 24 juin. = NATIVITAS S. JOANNIS BAPTISTAE, *Nativité de S. Jean-Baptiste.* — Au lieu de γέννησις on emploie souvent l'un des mots γενέθλιον, γενέθλια, γενέσιον et γενέσια.

Γόνυ, ατος, τὸ (class. *genou*). Ὁ Ὑπὸ γονάτων, officier ecclésiastique qui est chargé de suspendre l'ὑπογονάτιον au côté droit du Patriarche, lorsque celui-ci revêt ses vêtements pontificaux. C'est lui également qui porte le plateau sur lequel est placé le pain bénit, ἀντίδωρον, quand ce dernier est distribué au peuple par le Patriarche en personne. — Κλίσις γονάτων, agenouillement. — Τιθέναι ou κλίνειν τὰ γόνατα, se mettre à genoux, s'agenouiller.

Γονυκλισία, ας, ἡ (class. *génuflexion*). 1° Action de se mettre à genoux. Les Grecs s'agenouillent rarement. Quant à la génuflexion, elle est remplacée chez eux par la μετάνοια. = GENICULATIO, *agenouille-ment*. — 2° Cérémonie propre à l'office du soir du dimanche de la Pentecôte. Elle consiste dans la récitation de longues prières faite par le prêtre pendant que les assistants sont à genoux.

Γραμματεύς, εως (class. *greffier, scribe, secrétaire*). Voy. ἀρχιγραμματεύς.

Γυναικέτης, ου, ὁ, ou **Γυναικωνῖτις, ιδος, ἡ** (class. *appartement des femmes, gynécée*). Partie d'une église qui est réservée aux femmes. C'est tantôt un des bas-côtés de l'édifice, tantôt une galerie ou tribune à laquelle conduit un escalier.

Γυναικωνῖτις, ιδος, ἡ. Voy. γυναικέτης.

Δ

Δακτυλίδιον, ου, τὸ. Voy. δακτύλιος.

Δακτύλιος, ου, ὁ, ou le dim. **Δακτυλίδιον, ου, τὸ** (class. *bague, anneau*). 1° Anneau porté par l'évêque à l'annulaire de la main droite, comme marque de son autorité et en signe de l'alliance qu'il a contractée avec son Église. L'anneau est également porté par certains dignitaires ecclésiastiques. Il n'est pas en usage chez les Grecs dissidents. = ANNULUS, *anneau*. — 2° Anneau bénit par le prêtre pendant la

cérémonie des fiançailles et remis par lui à l'un des
fiancés qui doit le porter en signe de l'alliance qu'il
promet de contracter. Celui de la femme est d'or, et
celui du mari est d'argent. = ANNULUS, *anneau.*

Δάφνη, ης, ἡ (class. *laurier*). Δάφναι, feuilles et
branches de laurier que le prêtre jette à terre pendant
une procession les jours où l'on célèbre certaines
fêtes.

Δεκανίκιον ou **Δικανίκιον, ου, τὸ** (gr. mod. *bâton*,
sans doute de δεκάνος, *doyen*, dans le sens de *personne
avancée en âge*). 1° Nom donné dans la langue vulgaire, et quelquefois dans les rubriques, à la crosse
épiscopale, ῥάβδος. — 2° Bâton en forme de potence,
c'est-à-dire terminé au sommet par une traverse. Les
membres du clergé, les moines et même les fidèles,
principalement ceux qui sont âgés, s'appuyent sur des
bâtons de cette forme pendant les offices qui sont très
longs en général, et durant lesquels on reste à peu
près constamment debout. Voy. στασίδιον. = RECLI-
NATORIUM.

Δεκανός, οῦ, ὁ (lat. DECANUS, *doyen*, *dizenier*).
Officier ecclésiastique d'une cathédrale, qui est chargé
de répartir entre les prêtres le revenu casuel et le
produit de l'offrande.

Δεποτᾶτος, ου, ὁ. Voy. δηπουτᾶτος.

Δεπουτᾶτος, ου, ὁ. Voy. δηπουτᾶτος.

Δέσποινα, ης, ἡ (class. *maîtresse*). Nom donné à la
Sainte-Vierge. = DOMINA, *Notre-Dame.*

Δεσπότης, ου, ὁ (class. *maître*). 1° Nom donné à
Dieu qui est le maître de tout ce qui existe. =
DOMINUS, *le Seigneur.* — 2° Nom donné plus spécia-
lement à Jésus-Christ, le Maître dont tous les chré-

tiens se reconnaissent les serviteurs. = DOMINUS, *Notre-Seigneur*. — 3° Nom que le diacre donne au prêtre, lorsqu'il lui adresse la parole à haute voix dans une cérémonie. = DOMINUS, *seigneur, monsieur*.

Δεσποτικοθεομητορικός, ή, όν (de δεσποτικός, *qui concerne le Seigneur*, et θεομητορικός, *qui concerne la mère de Dieu*). Ἀι δεσποτικοθεομητορικαὶ ἑορταί, les fêtes du Seigneur ou de la Sainte-Vierge.

Δεσποτικόν, οῦ, τὸ (δεσποτικός, ή, όν, class. *du maître;* byz. *qui concerne l'empereur, impérial*). 1° Sorte de tropaire. Voy. δεσποτικός. — 2° On désignait ainsi à Constantinople le trône situé dans le chœur, sur lequel l'empereur prenait place, lorsqu'il assistait à une cérémonie religieuse. Plus tard, lorsque ce trône fut occupé par le patriarche, qui auparavant ne siégeait que sur la cathédra placée au fond de l'abside, on continua à l'appeler δεσποτικόν, et ce nom est devenu synonyme de θρόνος signifiant trône épiscopal. Mais le mot θρόνος est d'un usage beaucoup plus fréquent.

Δεσποτικός, ή, όν (class. *du maître;* eccl. *qui concerne le Seigneur*). Δεσποτικὴ ἑορτή, fête dont le Seigneur, c'est-à-dire Dieu, et principalement Notre-Seigneur Jésus-Christ, est l'objet immédiat, par opposition aux fêtes de la Sainte-Vierge et des Saints. = FESTUM DOMINI, *fête du Seigneur*. — Δεσποτικὸν τροπάριον, et absolument δεσποτικόν, tropaire dans lequel le Seigneur est loué et invoqué. Ἡ Δεσποτικὴ εἰκών, l'image de Notre-Seigneur, qui est peinte sur la face externe de l'iconostase, τέμπλον, à droite de la Porte sainte.

Δευτέρα, ας, ἡ (class. δεύτερος, α, ον, *second*), s. e. ἡμέρα. Le deuxième jour de la semaine. = FERIA SECUNDA. *deuxième férie, lundi*. — Ἡ Μεγάλη Δευτέρα, le grand Lundi. = FERIA SECUNDA MAJORIS HEBDOMADÆ, *lundi de la Semaine sainte*.

Δευτερεύων, οντος, ὁ (class. *qui est le second* en rang, en qualité). 1° S. e. διάκονος. Le deuxième diacre, c'est-à-dire celui qui vient immédiatement après l'archidiacre, ἀρχιδιάκονος, et qui précède le τριτεύων. — 2° S. e. ἱερεύς ου πρεσβύτερος ou παπᾶς. Le deuxième prêtre, c'est-à-dire celui d'entre les prêtres attachés au service d'une église qui vient immédiatement après l'archiprêtre ou le curé, πρωτοιερεύς. = *premier vicaire*.

Δηπουτᾶτος ou **Δεποτᾶτος** ou **Δεπουτᾶτος, ου, ὁ** (lat. DEPUTATUS, *envoyé, député*). Officier ecclésiastique qui précède le patriarche ou l'évêque et écarte la foule afin qu'il puisse s'avancer librement.

Διακαινήσιμος, ου, ἡ (de καινός, ή, όν, *nouveau*), s. e. ἑβδομάς. Les six jours qui suivent la fête de Pâques ; littér. la nouvelle semaine, la semaine de la rénovation. = OCTAVA PASCHÆ, *octave de Pâques, semaine de Pâques*.

Διακονία, ας, ἡ (class. *service, ministère*). Office ou dignité de diacre, le premier des Ordres majeurs. On emploie dans le même sens le mot ἱεροδιακονία. = DIACONATUS, *diaconat*.

Διακονικά, ῶν, τὰ. Voy. διακονικός.

Διακονικόν οῦ, τὸ. Voy. διακονικός.

Διακονικός, ή, όν (class. *relatif au serviteur*; eccl. *relatif au diacre*). Τὰ διακονικά, prières en forme de litanies, récitées par le diacre, par exemple la συναπτή, l'ἐκτενής, etc. — Τὸ διακονικόν. 1° Lieu placé sous la surveillance des diacres, où sont conservés les vases et les vêtements sacrés. Voy. σκευοφυλάκιον. — 2° Livre liturgique contenant les rubriques relatives aux fonctions dont le diacre est chargé à la Messe, à Laudes et à Vêpres. Il est extrait de l'Εὐχολόγιον et de l'Ὡρολόγιον. On l'appelle aussi Ἱεροδιακονικόν.

Διάκονος, ου, ὁ (class. *serviteur, ministre*). Ecclésiastique auquel a été conféré le premier des ordres majeurs, et qui doit aider le prêtre et l'évêque dans les fonctions multiples de leur ministère. Son nom se présente quelquefois sous la forme διάκων dans le grec byzantin, et sous celle de διάκος dans le grec moderne. Souvent aussi il est remplacé par le composé ἱεροδιάκονος. = DIACONUS, *diacre*.

Διάκος, ου, ὁ. Voy. διάκονος.

Διάκων, ονος. Voy. διάκονος.

Διάστυλα, ων, τὸ (διάστυλος, ος, ον, class. *construit en diastyle*, c'est-à-dire *dont les colonnes sont espacées de trois diamètres*). Clôture élevée qui sépare le sanctuaire, ἱερατεῖον, de la nef, ναός, ou plutôt du chœur, χορός. Comme elle s'étend en travers de l'église, et s'appuie le plus souvent à droite et à gauche contre des colonnes qui se dressent à l'extrémité supérieure de la nef, il est évident que le mot διάστυλα, lorsqu'il sert à la désigner, est détourné de son sens classique, et doit signifier littéralement : ce qui est situé entre des colonnes. Mais cette expression étant un peu vague, plusieurs autres noms ont été donnés à la clôture en question. Voy. τέμπλον, καταπέτασμα, δρύφακτα, κιγκλίδες, εἰκονοστάσιον.

Διάταξις, εως, ἡ (class. *arrangement, distribution*). Ordre prescrit d'une cérémonie. On dit aussi τάξις, τύπος. — ORDO, *ordre*; RITUS, *rite*.

Διβάμβουλον ou **Διβάμπουλον, ου, τὸ** (du gr. δίς, *deux fois*, et du bas-lat. VAMPOLA, *flamme*). Sorte

de chandelier ou de bougeoir à deux branches qui est
porté, en signe d'honneur, devant un Patriarche,
lorsqu'il officie pontificalement. Voy. πριμικήριος. On
l'appelle également μέγα κηροπήγιον, grand chandelier.
= BUGIA, *bougeoir*.

Διβάμπουλον, ου, τὸ. Voy. διβάμβουλον.

Δίγαμος, ου, ὁ, ἡ (class. *personne qui contracte
deux mariages, qui se remarie*). Celui, celle qui se
marie pour la seconde fois. = BIGAMUS, *bigame* (en
droit canonique).

Διδασκαλία, ας, ἡ (class. *enseignement*). Voy. λόγος.

Διδάσκαλος, ου, ὁ (class. *celui qui enseigne,
instituteur*). Officier ecclésiastique de l'église patriarcale, qui a pour mission d'expliquer au peuple l'Écriture Sainte. Il a également sous sa surveillance les
écoles du Patriarcat.

Διδαχή, ῆς, ἡ (class. *enseignement*). Voy. λόγος.

Δίκαιος, ου, ὁ; Δίκαια, ας, ἡ (δίκαιος, α, ον, class.
juste, vertueux). Homme juste, femme juste. On
désigne par cette appellation les saints qui n'étaient
ni prêtres, ni moines, et les saintes qui n'appartenaient
pas à une communauté religieuse, en un mot les saints
laïques.

Δικανίκιον, ου, τὸ. Voy. δεκανίκιον.

Δικήριον, ου, τὸ, quelquefois au plur. **Δικήρεα,
ων, τὰ** (de δίς, *deux fois*, et κήριον, *petit cierge*).
Lorsque l'évêque bénit le peuple dans les cérémonies
où il officie pontificalement, il tient dans sa main
droite un petit chandelier à trois branches, surmonté
de trois cierges, qu'on appelle τρικήριον, et dans sa
main gauche, un autre chandelier, mais à deux branches seulement et portant deux cierges, qui se nomme

δικήριον ou δικήρια. Le premier représente les trois personnes de la Sainte Trinité, tandis que le second figure les deux natures de Jésus-Christ. Ces deux chandeliers sont souvent désignés par le terme unique τὰ δικηροτρίκηρα, qui est formé par la réunion des mots δικήριον et τρικήριον.

Δικηροτρίκηρα, ων, τὰ. Voy. δικήριον et τρικήριον.

Διπλοῦς, ῆ, οῦν (class. *double*). Διπλῆ ἡμέρα, jour double. On appelle ainsi dans le langage courant un jour où deux fêtes sont célébrées concurremment.

Δίπτυχα, ων, τὰ (class. *registre plié en deux*). On appelait ainsi une sorte de livre composé de deux tablettes qui, unies d'un côté par une charnière, pouvaient s'ouvrir et se replier l'une contre l'autre. Ces tablettes portaient, inscrits sur leur face interne, l'une les noms des vivants, l'autre les noms des morts pour lesquels le prêtre devait prier, en offrant le Saint Sacrifice. Pendant le Canon, le diacre lui lisait ces noms à haute voix, afin qu'il pût les recommander à Dieu. Les diptyques ont disparu de la liturgie, mais les rubriques de l'Ordinaire de la Messe contiennent toujours ces expressions : Ὁ διάκονος μνημονεύει τὰ δίπτυχα τῶν κεκοιμημένων et τῶν ζώντων.

Δισκάριον, ου, τὸ (dim. de δίσκος, *disque*, *plat*, *assiette*). Ce diminutif de δίσκος est souvent employé à la place de ce mot pour désigner la patène.

Δισκοκάλυμμα, ατος, τὸ (de δίσκος, *patène*, et κάλυμμα, *voile*). Voile destiné à couvrir la patène. Voy. κάλυμμα.

Δισκοποτήριον, ου, τὸ (de δίσκος, eccl. *patène*, et ποτήριον, eccl. *calice*). On désigne par ce mot composé les deux vases sacrés dont il est fait usage à la Messe, le patène et le calice.

Δίσκος, ου, ὁ (class. *disque, plat, assiette*). 1° Vase
peu profond, évasé et rond, servant à contenir les
parcelles du pain eucharistique du Saint Sacrifice.
On l'appelle également δισκάριον, = PATENA, *patène*.
— 2° Tout plateau de forme ronde employé dans une
cérémonie, par exemple celui sur lequel on place les
pains de l'ἀρτοκλασία, celui qu'on présente aux fidèles
pendant une quête, etc.

Δίφρος, ου, ὁ (class. *siège dans un char, chaise à
porteurs, chaise curule*). Siège de l'abbé, ἡγούμενος,
dans l'église d'un monastère.

Διῴδιον, ου, τὸ (de δίς, *deux fois*, et ᾠδή, *ode*). Canon
qui ne contient plus que deux odes. Voy. κανών.

Δογματικόν, οῦ, τὸ. Voy. δογματικός.

Δογματικός, ή, όν (class. *qui concerne le dogme,
la doctrine*). Τροπάριον δογματικόν, ou absolument δογματικόν, tropaire dans lequel un dogme est énoncé.

Δομέστικος, ου, ὁ (lat. DOMESTICUS, *de la famille,
domestique*; byz. *garde du corps de l'empereur*). Ce
terme a été emprunté par l'Église de Constantinople
au vocabulaire des dignités impériales pour désigner
le chef d'un chœur de chantres. Il y avait naturellement deux δομέστικοι, puisque les chantres sont
divisés en deux chœurs. Mais si le mot δομέστικος se
trouve encore quelquefois dans les rubriques, il est
certain que dans le langage courant on ne s'en sert
plus. Le personnage qui dirige le chant d'une église
et qui conduit principalement le chœur de droite,
s'appelle πρωτοψάλτης, tandis que celui qui est à la
tête du chœur de gauche est souvent nommé λαμπαδάριος.

Δόξα, ης, ἡ (class. *gloire*). 1° On appelle ainsi quelquefois la doxologie GLORIA PATRI, Δόξα Πατρί. —

2° Plus souvent on désigne par ce mot le τροπάριον qui se chante immédiatement après la première moitié de cette doxologie Δόξα Πατρί. Voy. δοξαστικόν.

Δοξαστάριον, ου, τό. Livre liturgique qui contient soit simplement le texte, soit le texte noté de tous les tropaires appelés δοξαστικά.

Δοξαστικόν, ου, τό (δοξαστικός, ή, όν, class. *capable de former une opinion;* eccl. *relatif à la doxologie* δόξα πατρί), s. c. τροπάριον. On appelle ainsi les deux tropaires qui se chantent, l'un après la première partie de la doxologie GLORIA PATRI, c'est-à-dire après les paroles Δόξα Πατρί καὶ Υἱῷ καὶ Ἁγίῳ Πνεύματι, et l'autre après la deuxième partie, c'est-à-dire après les mots καὶ νῦν καὶ ἀεὶ καὶ εἰς τοὺς αἰῶνας τῶν αἰώνων, ἀμήν. Mais le plus souvent ces deux tropaires sont désignés dans les rubriques, le premier par le mot Δόξα, et le second par l'expression Καὶ νῦν. Voy. δαξαστάριον, ἀκροτελεύταιον.

Δοξολογία, ας, ἡ (eccl. *action de glorifier*). Ce nom est donné quelquefois au verset GLORIA PATRI, Δόξα Πατρί; mais dans les livres liturgiques il désigne toujours l'hymne GLORIA IN EXCELSIS, Δόξα ἐν ὑψίστοις. Cette hymne qui appartient principalement à l'office de l'aurore, Ὄρθρος, est chantée tous les dimanches et les jours de fête; les autres jours elle est simplement récitée. Dans le premier cas on l'appelle Grande Doxologie, Δοξολογία μεγάλη, et dans le second Petite Doxologie, Δοξολογία μικρά. = DOXOLOGIA, *doxologie.*

Δρύφακτα, ων, τά (class. *clôture en bois, barrière, treillage*). Clôture élevée qui sépare le sanctuaire, ἱερατεῖον, du reste de l'église. On lui donnait et souvent encore on lui donne ce nom, parce que primitivement elle se composait d'un simple treillage de bois. Mais

aujourd'hui, comme des matières autres que le bois,
le marbre par exemple, sont quelquefois employées
dans sa construction, l'appellation δρύφακτα ne lui est
pas toujours rigoureusement applicable. Celle-ci a du
reste de nombreux synonymes. Voy. τέμπλον, καταπέτασμα, διάστυλα, κιγκλίδες, εἰκονοστάσιον. = CANCELLI,
cancel.

Δύειρμος, ος, ον (de δύο, deux, et εἰρμός). Qui possède
deux εἱρμοί. Voy. κανών.

Δῶρα, ων, τὰ (class. δῶρον, don, présent). Τὰ δῶρα,
les dons, τὰ θεῖα δῶρα, les dons divins, τὰ τίμια δῶρα,
les précieux dons, c'est-à-dire le pain et le vin qui
sont la matière du sacrifice, et que le prêtre offre au
Seigneur dans cette partie de la Messe qui s'appelle
l'Oblation, προσκομιδή. = OBLATA, oblats, don.

E

Ἑϐδομάς, άδος, ἡ (class. nombre de sept). Espace
de sept jours. = HEBDOMAS, semaine. — Ἡ Μεγάλη
Ἑϐδομάς, la grande semaine, celle qui précède la fête
de Pâques. = MAJOR HEBDOMAS, la Semaine Sainte.
— Pendant le carême chaque semaine est désignée
d'après le dimanche qui la suit et non d'après celui
qui la précède. Par exemple : Τὸ σάϐϐατον τῆς τρίτης
ἑϐδομάδος τῶν Νηστειῶν, le samedi de la troisième
semaine du Carême, c'est-à-dire notre samedi de la
deuxième semaine du Carême, SABBATUM POST DOMI-
NICAM SECUNDAM QUADRAGESIMÆ; ἡ πέμπτη τῆς Ἀπόκρεω,
le jeudi de la semaine qui précède le dimanche de
l'Abstinence de la viande, etc.

Ἐγκαίνια, ων, τὰ ou Ἐγκαινιασμός ou Ἐγκαινισμός, οῦ, ὁ (class. *renouvellement, dédicace,
inauguration*). Action de faire passer un objet de
l'état profane à l'état sacré, à l'aide de certains rites
et de certaines prières. On emploie avec la même
signification le mot καθιέρωσις. = CONSECRATIO, *consécration*; DEDICATIO, *dédicace*.

Ἐγκαινιασμός, οῦ, ὁ. Voy. ἐγκαίνια.

Ἐγκαινισμός, οῦ, ὁ. Voy. ἐγκαίνια.

Ἐγκόλπιον, ου, τὸ (ἐγκόλπιος, ος, ον, class. *qui est
dans le sein*). 1° Médaillon orné d'une sainte image
que l'évêque porte sur la poitrine, et qui dans le
principe était un petit reliquaire contenant ordinairement une parcelle de la vraie croix. Cet insigne épiscopal a cessé d'être un reliquaire, lorsqu'il a été
remplacé comme tel par la croix pectorale, σταυρός.
Le patriarche porte deux ἐγκόλπια. — 2° Nom donné
à divers livres d'église, notés ou non, à l'usage des
fidèles, et contenant l'ordinaire des offices du dimanche, ainsi qu'un certain nombre de prières qui se
disent fréquemment. = *paroissien*.

Ἐγκώμιον, ου, τὸ (class. *discours à la gloire de
quelqu'un, panégyrique*). Chant funèbre appartenant
à l'office de l'aurore du Samedi Saint. Il se compose
de nombreux tropaires qui ont pour sujet les souf-
frances, la mort et l'ensevelissement du Sauveur. Il
est divisé en trois parties appelées στάσεις, stations,
parce qu'on est debout pendant qu'on les chante.

Ἐδάφιον, ου, τὸ (class. *base, fondement; texte d'un
auteur*). Petite section de l'Écriture Sainte composée
de deux ou trois lignes et présentant ordinairement
un sens complet. Ce mot est employé pour désigner
les versets des textes qui sont lus, par exemple des

Évangiles, des Épitres, etc., tandis que le nom de
στίχος est donné spécialement aux versets qui sont
chantés ou psalmodiés, par exemple à ceux des psaumes. = VERSUS, *verset.*

Εἰκονοστάσιον, ου, τὸ (de εἰκών, *image*, et ἵστημι,
dresser, ériger, placer). Tout support tel que table,
console, pied, etc., sur lequel est placée une image,
εἰκών, de Notre-Seigneur, de la Vierge Marie ou d'un
Saint. Les Saintes Images étant fort nombreuses dans
les églises grecques, on voit dans ces dernières divers
εἰκονοστάσια. Mais le principal est naturellement la
grande cloison qui sépare le sanctuaire de la nef,
parce que c'est sur sa face extérieure que sont peintes
les Images les plus vénérées, celles qui attirent le
plus les regards et auxquelles un culte est officielle-
ment rendu. Aussi la désigne-t-on quelquefois en
disant simplement, τὸ εἰκονοστάσιον. Je dis : quelquefois,
car cette cloison a plusieurs autres noms que les
Grecs emploient de préférence tels que τέμπλον, καταπέτασμα, δρύφακτα, διάστυλα, κιγκλίδες. En France, nous
avons appliqué d'une manière spéciale le mot εἰκονοστάσιον, dont nous avons fait *iconostase*, à cette clôture
du sanctuaire, et la plupart des Grecs non Hellènes,
les Melkites par exemple, ont fait de même ; mais il
ne semble pas que dans la langue liturgique grecque
cette expression soit jamais restreinte à cette signification particulière.

Εἰκών, όνος, ἡ (class. *image, effigie*). Image, c'est-
à-dire représentation de Notre-Seigneur, de la Sainte-
Vierge ou d'un Saint, peinte sur un mur ou une
cloison, ou bien encore sur une tablette de bois qu'on
peut facilement déplacer. Les Saintes Images sont
très nombreuses dans les églises grecques et y sont en

grande vénération. Le culte qui leur est rendu est
sans cesse signalé par les rubriques. Les deux principales et les plus belles sont naturellement celles de
Jésus-Christ et de la Vierge Marie, qui sont placées
sur la face externe de l'iconostase, τέμπλον, la première
à droite et la seconde à gauche de la porte sainte,
ἁγία θύρα. Puis viennent cellesdu Précurseur, Πρόδρομος, du Saint Patron, Ἅγιος τοῦ Ναοῦ, des Apôtres,
des saints les plus illustres, tels que S. Jean Chrysostome, S. Basile, etc. Les grandes églises possèdent
les images de tous les saints fêtés dans l'année, et
chaque fois qu'une de ces fêtes se présente, l'image du
saint est portée dans une procession solennelle, λιτή,
la veille, à vêpres, de sa place habituelle dans un lieu
apparent et d'accès facile, où les fidèles viennent la
vénérer. Il y a également des images qui rappellent
les principaux événements de la vie du Sauveur, par
exemple l'image des Palmes, εἰκὼν τῶν Βαΐων, représentant l'entrée triomphale à Jérusalem, l'image de la
Passion, εἰκὼν τῶν Παθῶν, sur laquelle est figuré le
Crucifiement, etc. L'usage des tableaux suspendus
contre les murs et composés d'une toile peinte et enca-
drée est inconnu chez les Grecs. Quant aux statues,
elles sont absolument prohibées de leurs églises.

Εἰλητόν, οῦ, τό (class. *ce qui peut se rouler*). Linge
sacré que le prêtre déployait autrefois sur l'autel au
moment de l'offertoire, pour y déposer la patène et le
calice contenant le pain et le vin qui devaient être
consacrés. Aujourd'hui ce linge est remplacé par
l'ἀντιμήνσιον. Toutefois il ne semble pas qu'il ait été
supprimé, car c'est lui sans doute qu'il faut reconnaître dans le petit linge blanc qu'on étend encore
sur l'autel, mais sous l'ἀντιμήνσιον, et qui sert à envelopper ce dernier, lorsqu'on le plie, à la fin de la

Messe. Son rôle se réduirait donc maintenant à protéger l'ἀντιμήνσιον, sur lequel seul peuvent reposer les dons sacrés. Voy. ἐνδυτή. = CORPORALE, *corporal*.

Εἰρηνικά, ῶν, τὰ. Voy. συναπτή.

Εἰρμολόγιον, ου, τὸ (de εἰρμός et de λέγω, *recueillir*). Livre liturgique dans lequel sont réunis tous les εἰρμοί. Tantôt il ne renferme que les paroles de ces tropaires, tantôt il contient également la notation des mélodies qui leur sont propres.

Εἰρμός, οῦ, ὁ (class. *suite, enchaînement*). Ancien tropaire, τροπάριον, devenu le type d'après lequel une série de nouveaux tropaires a été composée, c'est-à-dire qui a prêté son rythme (isotonie et homosyllabie) ainsi que sa mélodie à ces strophes plus récentes. C'est ainsi que tous les tropaires de chaque ode d'un canon, κανών, sont conformes à un εἰρμός, dont les livres liturgiques donnent soit le texte complet, soit seulement les premières paroles. L'εἰρμός est donc le contraire de l'ἰδιόμελον ou αὐτόμελον, tropaire n'ayant servi de modèle à aucun autre, c'est-à-dire ayant gardé pour lui seul son rythme et son air particuliers. Le livre contenant tous les εἰρμοί, notés ou non, s'appelle εἰρμολόγιον. Voy. καταβασία.

Εἰσόδια, ων, τὰ (εἰσόδιος, ος, ον, class. *qui concerne l'entrée*). Voy. εἴσοδος.

Εἰσοδικόν, οῦ, τὸ. Voy. εἰσοδικός.

Εἰσοδικός, ή, όν (eccl. *relatif à l'*εἴσοδος). Τροπάριον εἰσοδικόν, ou absolument εἰσοδικόν, tropaire qui est chanté à la Messe, à la fin de la première procession, πρώτη εἴσοδος, par tous ceux qui y ont pris part.

Εἴσοδος, ου, ἡ (class. *action d'entrer*). I. Procession qui s'accomplit de la manière suivante. Les ecclésias-

tiques qui y prennent part, précédés de la croix et de
cierges allumés, sortent du sanctuaire par la porte
septentrionale, βορεία πύλη, descendent droit devant
eux jusqu'au bas de l'église, puis tournant à gauche,
remontent par le milieu de la nef, et viennent se placer
dans le chœur devant la porte sainte, ἅγιαι θύραι;
enfin, après un arrêt qui est le moment solennel de la
procession, ils rentrent par cette porte dans le sanctuaire. Trois processions sont particulièrement dési-
gnées par ce mot εἴσοδος. 1° Ἡ πρώτη εἴσοδος, *la première entrée*, ou ἡ μικρὰ εἴσοδος, *la petite entrée*, ou
bien encore ἡ εἴσοδος τοῦ Εὐαγγελίου, *l'entrée de
l'Évangile*. C'est une procession qui a lieu au commencement de la Messe, et dans laquelle on apporte
solennellement le livre des Évangiles. — 2° Ἡ δευτέρα
εἴσοδος, *la deuxième entrée*, ou ἡ μεγάλη εἴσοδος, *la
grande entrée*. Elle consiste dans la translation
solennelle du pain et du vin qui doivent être consacrés,
du petit autel de la prothèse, πρόθεσις, à l'autel du
sacrifice, ἁγία τράπεζα. Elle a lieu pendant la Messe un
peu plus tard que la procession précédente. — 3° Ἡ
εἴσοδος τῆς ἑσπέρας, *l'entrée du soir*. Cette procession,
qui s'accomplit pendant l'office des vêpres symbolise
l'entrée des Saints dans le ciel. Il ne faut pas confondre
l'εἴσοδος avec la λιτανεία ou λιτή, procession qui n'a pas
pour but spécial une marche vers le sanctuaire. =
INTROITUS, *introït*. — II. Ἡ εἴσοδος (ou τὰ Εἰσόδια) τῆς
Θεοτόκου, l'Entrée de la Mère de Dieu, c'est-à-dire
l'entrée de Marie dans le Temple, lorsqu'elle y fut
conduite par ses parents pour être consacrée au
service du Seigneur. La fête en est célébrée le
21 novembre.— PRÆSENTATIO B. M. V., *Présentation
de la Sainte-Vierge.*

Ἔκδικος, ου, ὁ (class. *juge, commissaire*). Ecclésiastique faisant partie d'un tribunal qui, en l'absence du Patriarche, est chargé de juger les causes peu importantes.

Ἐκκλησία ας, ἡ (class. *assemblée, lieu d'assemblée*). 1° Société générale des chrétiens. = ECCLESIA, *Église*. — 2° Édifice où les fidèles s'assemblent, temple chrétien. = ECCLESIA, *église*. — Μεγάλη ἐκκλησία, la grande église, c'est-à-dire celle où un évêque a son siège. Toutefois cette expression désigne le plus souvent une église patriarcale. = ECCLESIA CATHEDRALIS, *église cathédrale.*

Ἐκκλησιάρχης, ου, ὁ (de ἐκκλησία, *église*, et ἄρχω, *commander*). Ecclésiastique séculier ou régulier qui a la haute main sur tout ce qui concerne l'entretien de l'église cathédrale ou d'une église de religieux, qui règle les offices, dirige les sacristains et les autres officiers inférieurs, etc. Ὁ μέγας Ἐκκλησιάρχης, l'ecclésiastique qui remplit ces fonctions dans une église patriarcale. = SACRISTA, *sacriste;* CÆREMONIARIUS, *cérémoniaire, prêtre sacristain.*

Ἐκκλησιαστικός, οῦ, ὁ (class. *celui qui assiste aux assemblées*). Celui qui est attaché l'Église. = ECCLESIASTICUS, *ecclésiastique.*

Ἔκπλυσις, εως, ἡ (class. *action de laver*). Ἡ Ἔκπλυσις τῆς ἁγίας Τραπέζης, le Lavage de l'Autel, cérémonie qui a lieu le Jeudi Saint avant celle du Lavement des pieds, νιπτήρ.

Ἐκτενής, οῦς, ἡ (class. *étendu, allongé, prolongé*). Ἡ ἐκτενής ou ἡ ἐκτενὴς ἱκεσία. Série d'invocations prononcées à la suite l'une de l'autre. Il y en a deux. La plus courte ἡ μικρὰ ἐκτενής, commence par ces mots : εἴπωμεν πάντες ἐξ ὅλης τῆς ψυχῆς; la plus longue, ἡ μεγάλη

ἐκτενής, débute ainsi : σῶσον ὁ Θεὸς τὸν λαόν σου. L'ἐκτενής
ressemble beaucoup à la συναπτή et à l'αἴτησις. = LITA-
NIA, *litanies.*

'Εκφώνησις, εως, ἡ (class. *exclamation*). Prononc-
ciation à haute voix des dernières paroles d'une oraison qui a été dite à voix basse. Quelquefois ces dernières paroles elles-mêmes. = CONCLUSIO, *conclusion.*

"Ελαιον, ου, τό (class. *huile d'olive*). I. Huile d'olive
servant à faire des onctions dans l'administration de
certains sacrements, ainsi que dans la consécration
de divers objets. On distingue : 1° l'huile sans mélange
que bénit le prêtre et dont il oint les membres du catéchumène ou de l'enfant qu'il va baptiser. = OLEUM CATE-
CHUMENORUM, *huile des catéchumènes;* — 2° l'huile
sans mélange qui est bénite par les prêtres qui admi-
nistrent à un malade le sacrement de l'Extrême-
Onction, εὐχέλαιον. On l'appelle ordinairement τὸ ἅγιον
ἔλαιον. = OLEUM INFIRMORUM, *huile des infirmes;* —
3° l'huile à laquelle on a ajouté du baume et un grand
nombre d'autres substances odoriférantes. Ce mélange est appelé μύρον. Consacré par l'évêque, il est
utilisé dans l'administration du sacrement de la Confirmation, dans la consécration des autels, des vases
sacrés, etc. = CHRISMA, *chrème.* — II. Huile d'olive
qui alimente les lampes, κανδήλας, placées devant les
Saintes Images, εἰκόνες. Quand on célèbre une fête du
Seigneur ou d'un grand Saint, l'huile de la lampe qui
brûle devant l'image vénérée particulièrement ce jour-
là sert à faire des onctions sur le front des fidèles.

"Εμβολος, ου, ὁ (class. *verrou ; coin ; éperon de
vaisseau; byz. entrée, portique*). Portique situé sur
le côté d'une église, à l'extérieur. = DEAMBULATO-
RIUM, *galerie couverte.*

"Ἔναρξις, εως, ἡ (class. *commencement*). Commencement d'une cérémonie, d'un office, par opposition à ἀπόλυσις.

'Ἐνδυτή, ῆς, ἡ (class. *habit, robe*), ou 'Ἐπενδύτης, ου, ὁ (class. *vêtement de dessus*). La seconde des deux nappes qui couvrent l'autel, celle qui est placée sur le κατασάρκιον, et sur laquelle on déploie pendant la messe l'ἀντιμήνσιον ou plutôt l'εἰλητόν. On l'appelle également ἐφάπλωμα. = MAPPA SUPERIOR ALTARIS.

'Ἐνθρονιασμός, οῦ, ὁ. Voy. ἐνθρονισμός.

'Ἐνθρονισμός, οῦ, ὁ (class. *action de placer sur un trône*), ou 'Ἐνθρονιασμός, οῦ, ὁ (byz. même sens). 1° Action par laquelle on place solennellement un évêque sur son siège épiscopal. = INTHRONIZATIO, INCATHEDRATIO, *intronisation*. — 2° L'ensemble des rites et des prières par lesquels un évêque consacre un autel, c'est-à-dire le transforme en trône destiné à la Majesté Divine. = CONSECRATIO ALTARIS, *consécration d'un autel*.

'Ἐνιαύσια, ων, τὰ (ἐνιαύσιος, ος, ον, class. *annuel*), s. e. ἱερά. Service célébré pour un mort au retour annuel du jour de son décès. = ANNIVERSARIUM, *anniversaire*.

"Ἔννατα, ων, τὰ (ἔννατος, η, ον, class. *trentième*), s. e. ἱερά. Service funèbre célébré pour un défunt neuf jours après sa mort.

'Ἐνορία, ας, ἡ (class. s. e. γῆ, *frontière, territoire renfermé dans les limites*). Circonscription dans laquelle un curé, ἐφημέριος, dirige le spirituel. = PAROCHIA, *paroisse*. — Ἐκκλησία ἐνοριακή. = ECCLESIA PAROCHIALIS, *église paroissiale*.

'Ἐνορίτης, ου, ὁ (de ἐνορία, *paroisse*). Habitant d'une paroisse. = PAROCHIANUS, *paroissien*.

Ἐνταλτήριος, ος, ον (de ἐντέλλομαι, class. *donner commission de*). Ἐνταλτήριον γράμμα, lettre de com- mission. On appelle ainsi une lettre qu'un évêque remet à un prêtre pour lui conférer le pouvoir d'en- tendre les confessions.

Ἕνωσις, εως, ἡ (class. *l'action d'unir*). Mélange que fait le prêtre du Corps et du Sang de Notre- Seigneur, après la consécration, en faisant tomber dans le calice une parcelle de la Sainte Hostie qu'il a préalablement rompue en plusieurs fragments. = COMMIXTIO, *commixtion*.

Ἐξαγόρευσις, εως, ἡ (class. *explication*, *révé- lation*). Voy. ἐξομολόγησις.

Ἐξαγορευτής, οῦ, ὁ (class. *révélateur*). Prêtre à qui l'on se confesse. On le désigne également par le mot ἐπιτιμῶν. = CONFESSARIUS, *confesseur*.

Ἐξαήμερος, ου, ἡ (ἐξαήμερος, ος, ον, class. *qui dure six jours*), s. e. βίβλος. Livre de S. Basile sur les six jours de la Création, dans lequel on fait des lectures à l'office de l'aurore, certains jours du Carême.

Ἐξάμηνα, ων, τὰ (ἐξάμηνος, ος, ον, class. *de six mois*), s. ἱερα. Service funèbre célébré pour un défunt six mois après sa mort.

Ἐξαποστειλάριον, ου, τὸ, s. e. τροπάριον. Tropaire qui se chante à l'office de l'aurore, ὄρθρος, immédiate- ment avant la partie de cet office nommée laudes, αἶνοι. On l'appelle ainsi parce que dans plusieurs des ἐξαποστειλάρια qui appartiennent au temps du Carême, se trouve la phrase : ἐξαπόστειλον τὸ φῶς σου, Κύριε. Mais, chose singulière, ces tropaires du Carême, qui sont les ἐξαποστειλάρια par excellence, ont un nom tout différent, bien que ce soient eux qui contiennent l'expression d'où provient le terme ἐξαποστειλάριον. On les nomme en effet φωταγωγικά, à cause des mots φῶς et φώτισον qu'ils renferment tous.

'Εξαπτέρυγον, ου, τὸ (class. ἐξαπτέρυγος, ος, ον, *pourvu de six ailes*). Éventail dont l'écran est formé d'une tête de chérubin entourée de six ailes. Voy. ῥιπίδιον.

'Εξαρχία, ας, ἡ. 1° Dignité d'exarque. Voy. ἔξαρχος. — 2° Exarchat, c'est-à-dire région visitée par un exarque et soumise à sa juridiction.

Ἔξαρχος, ου, ὁ (class. *celui qui commence;* byz. *commissaire envoyé au dehors*). Exarque, c'est-à-dire dignitaire ecclésiastique député par un patriarche pour visiter une certaine région. = LEGATUS, *légat*. — Chez les Grecs dissidents certains métropolitains sont de droit exarques de régions déterminées.

'Εξάψαλμος, ου, ὁ (de ἕξ, *six*, et ψαλμός, psaume). On appelle ainsi l'ensemble des psaumes 3, 37, 62, 87, 102 et 142, qui constitue la partie la plus solennelle de la psalmodie des matines, ὄρθρος.

'Εξοδιαστικόν, οὖ, τὸ (ἐξοδιαστικός, ή, όν, eccl. *relatif à la sépulture*). Action de porter le corps d'un défunt au lieu où il doit être enterré. = EXSEQUIÆ, *enterrement, funérailles, sépulture*. — Ἀκολουθία τοῦ ἐξοδιαστικοῦ = ORDO EXSEQUIARUM, *cérémonies de l'enterrement*. Cette expression est synonyme de ἀκολουθία νεκρώσιμος.

'Εξόδιος, ος, ον (class. *qui concerne la sortie;* eccl. *qui concerne la sépulture*). Ὁ ἐξόδιος ὕμνος, l'hymne funèbre, c'est-à-dire tout ce qui se chante pendant la cérémonie des funérailles.

Ἐξομολόγησις, εως, ἡ (class. *aveu, consentement*). Déclaration que l'on fait de ses péchés à un prêtre, pour en obtenir le pardon. On emploie avec le même sens le mot ἐξαγόρευσις. = CONFESSIO, *confession*.

Ἐξομολογούμενος, ου, ὁ; Ἐξομολογουμένη, ης, ἡ (class. *celui, celle qui avoue*). Celui, celle qui confesse ses péchés à un prêtre, pour en obtenir le pardon. = PŒNITENS, *pénitent, pénitente*.

Ἐξορκισμός, οῦ, ὁ (class. *action de faire jurer, adjuration*). Prière dite par un ecclésiastique dans le but de chasser le démon. On emploie dans le même sens le mot ἀφορκισμός. = EXORCISMUS, *exorcisme*.

Ἐξωκατάκηλος ou **Ἐξωκατάκοιλος, ου, ὁ.** Officier ecclésiastique sur le nom et sur les fonctions duquel les liturgistes ont longuement disserté sans pouvoir se mettre d'accord.

Ἐξωκατάκοιλος, ου, ὁ. Voy. ἐξωκατάκηλος.

Ἑορταζόμενος, η, ον (de ἑορτάζω, *fêter*). Ἅγιος ἑορταζόμενος, Saint fêté, c'est-à-dire dont la commémoration est célébrée solennellement et qui possède un office complet. Ἅγιος μὴ ἑορταζόμενος, Saint non fêté, c'est-à-dire dont la commémoration est célébrée sans solennité, et dont l'office incomplet doit emprunter ce qui lui manque au Propre du Temps et au Commun des Saints. Le mot ἑορταζόμενος est souvent remplacé par ἑορτάσιμος. Voy. ἅγιος, ἑορτή, ἀνώνυμοι.

Ἑορτάσιμος, ος, ον (class. *de fête*). Ἅγιος ἑορτάσιμος, Saint fêté. Voy. ἑορταζόμενος, ἑορτή. — Ἡμέρα ἑορτάσιμος, jour où l'on célèbre une fête. = DIES FESTA, *jour de fête*.

Ἑορταστής, οῦ, ὁ (class. *celui qui célèbre une fête*).

Celui d'entre les paroissiens qui, la veille d'une fête,
donne le pain, le vin, l'huile, etc., nécessaires pour
l'ἀρτοκλασία, le Saint Sacrifice, λειτουργία, et le pain
bénit, ἀντίδωρον.

Ἑορτή, ῆς, ἡ (class. *fête, jour de fête*). Célébration
solennelle du service divin en commémoration de quelque mystère ou en l'honneur d'un grand Saint. Le
mot ἑορτή qui traduit exactement le latin FESTUM et
le français *fête*, a cependant un sens plus restreint
dans la langue liturgique. Il est employé, en effet,
uniquement pour désigner les fêtes solennelles, c'est-
à-dire celles qui chez les Latins appartiennent au rite
double majeur ou double de deuxième ou de première
classe. Le sens large du mot FESTUM appliqué à tout
office en l'honneur d'un Saint de quelque classe qu'il
soit, est rendu en grec par le terme μνήμη, qui signifie
mémoire. — Δεσποτικὴ ἑορτή, fête du Seigneur, c'est-
à-dire fête dont Dieu, et principalement Notre-
Seigneur Jésus-Christ, est l'objet immédiat. = FES-
TUM DOMINI. — Θεομητορικὴ ἑορτή, fête de la Mère de
Dieu ou de la Sainte Vierge. = FESTUM BEATÆ MARIÆ
VIRGINIS. — Ἑορτὴ Ἁγίου, fête d'un Saint. La fête
d'un Saint comporte un office complet, tandis que
l'office d'un Saint qui n'est pas fêté, μὴ ἑορταζόμενος
Ἅγιος, οὐκ ἑορτάσιμος Ἅγιος, est incomplet et doit emprunter les parties qui lui manquent soit au Propre
du Temps (Voy. παρακλητική), soit au Commun des
Saints (Voy. ἀνώνυμοι). Les fêtes des Saints se divisent
à leur tour en deux catégories : celles qui ne sont pas
d'obligation, et celles qui le sont. Les fidèles sont
tenus de célébrer ces dernières, comme du reste
toutes celles du Seigneur et de la Sainte-Vierge, par
l'assistance à la Messe et le chômage, ἀργία. Dans le
langage courant ce sont particulièrement les fêtes

chômées qu'on appelle ἑορταί. Enfin on distingue encore les fêtes des Saints en deux classes, suivant qu'aux Laudes, Ὄρθρος, on récite la petite doxologie, δοξολογία μικρά, ou qu'on chante la grande doxologie, δοξολογία μεγάλη. == FESTUM SANCTI. — Ἀκίνητος ἑορτή, fête fixe, c'est-à-dire qui est toujours célébrée le même jour de l'année. Dix-huit fêtes fixes, appartenant au temps compris entre le 11 janvier et le 25 mai inclusivement, peuvent éprouver des modifications dans leur office par suite de l'occurrence, συμπίπτωσις, d'une fête mobile. == FESTUM IMMOBILE. — Κινητὴ ἑορτή, fête mobile, ainsi appelée parce que l'intervalle qui la sépare de la grande fête de Pâques devant toujours être le même, le jour où on la célèbre est déterminé chaque année d'après celui où tombe cette solennité, laquelle se meut entre le 22 mars et le 25 avril. == FESTUM MOBILE.

Ἐορτοδρόμιον, ου, τὸ (de ἑορτή, *fête*, et δρόμος, *cours*). Le cours, la suite des fêtes.

Ἐορτολόγιον, ου, τὸ (de ἑορτή, *fête*, et λέγω, *réunir assembler*). 1° Tableau présentant la suite des fêtes. — 2° Livre liturgique contenant certains tropaires, τροπάρια, propres aux offices des fêtes, tels que les δοξαστικά, les ἀπολυτίκια, les κοντάκια, etc.

Ἐπακτή, ῆς, ἡ (ἐπακτός, ή, όν, class. *ajouté, intercalé*), s. e. ἡμέρα. Nombre faisant connaître l'âge de la lune au commencement de l'année, c'est-à-dire indiquant le nombre de jours écoulés depuis la dernière nouvelle lune jusqu'à la fin de l'année qui vient de se terminer. == EPACTÆ, *épacte*.

Ἐπανωκαλυμαύχιον, ου, τὸ (de ἐπάνω, *au-dessus de*, et καλυμαύχιον, *sorte de coiffure ecclésiastique*). Voile noir qui s'attache au καλυμαύχιον. et couvre la nuque et les épaules. Il est porté par les dignitaires du clergé. On l'appelle aussi ἐπικαλύμμαυχον.

Ἐπαρχία, ας, ἡ (class. *préfecture, province*). Territoire soumis à la juridiction d'un archevêque ou d'un métropolitain. = PROVINCIA ECCLESIASTICA, *province ecclésiastique.*

Ἐπενδύτης, ου, ὁ. Voy. ἐνδύτη.

Ἐπιγονάτιον, ου, τὸ. Voy. ὑπογονάτιον.

Ἐπικαλύμμαυχον, ου, τὸ (de ἐπί, *sur*, et καλύμμαυχον, *sorte de coiffure ecclésiastique*). Voy. ἐπανωκαλυμαύχιον.

Ἐπικουρίς, ίδος, ἡ (eccl. *action de tondre, de raser*). Voy. κουρά.

Ἐπιλύχνιος, ος, ον (eccl. *appartenant à l'office qui a lieu lorsque les lampes de l'église sont allumées*). Ἐπιλύχνιος εὐχαριστία, littéralement remerciement qui a lieu à la lueur des lampes. On appelle ainsi le cantique Φῶς ἱλαρόν, qui se chante pendant la première partie de l'office des vêpres nommée Λυχνικόν.

Ἐπιμανίκιον ou **Ἐπιμάνικον, ου, τὸ** (du gr. ἐπί *sur*, et du lat. MANICA, *manche, gant*). Manchette que l'évêque, le prêtre et le diacre mettent à l'avant-bras sur la manche du στιχάριον. D'après tous nos liturgistes les ἐπιμανίκια auraient la même origine que le manipule des Latins; mais je crois qu'il est beaucoup plus juste d'y reconnaître l'équivalent des gants de nos évêques. = CHIROTHECA, *gant.*

Ἐπιμάνικον, ου, τὸ. Voy. ἐπιμανίκιον.

Ἐπισκοπεῖον, ου, τὸ (de ἐπίσκοπος, *évêque*). Maison habitée par l'évêque. = *palais épiscopal, évêché.*

Ἐπισκοπή, ἦς, ἡ (class. *inspection, surveillance*).
1° Dignité d'évêque. = EPISCOPATUS, *épiscopat.* —
2° Temps pendant lequel un évêque occupe un siège.
= EPISCOPATUS, *épiscopat.* — 3° Territoire soumis
à l'autorité spirituelle d'un évêque. = DIŒCESIS, *diocèse, évêché.*

Ἐπισκοπικός, ή, όν (eccl. *qui concerne l'évêque*).
Ἐπισκοπικὸς οἶκος, maison habitée par l'évêque. =
palais épiscopal, évêché.

Ἐπίσκοπος, ου, ὁ (class. *inspecteur, surveillant*).
Le premier pasteur et le chef spirituel d'une circonscription territoriale appelée diocèse. = EPISCOPUS,
évêque.

Ἐπιστολή, ἦς, ἡ (class. *dépêche, missive, lettre*).
Lettre écrite par un Apôtre. = EPISTOLA, *épître.* —
Voy. ἀπόστολος.

Ἐπιτάφιον, ου, τὸ (ἐπιτάφιος, ος, ον, class. *funèbre*).
Sarcophage richement décoré et couvert de fleurs,
qui représente le tombeau du Christ. Il est vénéré et
porté processionnellement le Vendredi Saint à l'office
des Vêpres, et le Samedi Saint à l'office des Laudes.
Pendant la nuit qui sépare ces deux jours il est placé
dans le κουβούκλιον.

Ἐπιτίμιον, ου, τὸ (class. *peine infligée*). Tout ce
que le prêtre impose à une personne qui vient de se
confesser, en expiation de ses péchés. On emploie
quelquefois le mot κανών avec la même signification.
= PŒNITENTIA, *pénitence.*

Ἐπιτιμῶν, οῦντος, ὁ (class. *celui qui adresse des
reproches, qui punit*). Voy. ἐξαγορευτής.

Ἐπιτραχήλιον, οῦ, τὸ (de ἐπί, *sur*, et τράχηλος,
cou). Longue bande d'étoffe de soie, ornée de brode-

ries, que le prêtre et l'évêque portent sur le cou et
dont les deux extrémités retombent en avant jusqu'au-
dessous des genoux. On l'appelle également περιτραχήλιον et πετραχήλιον. = STOLA, *étole*.

Ἐπίτροπος, ου, ὁ (class. *tuteur, intendant, gérant*).
Personnage laïque faisant partie d'un comité qui est
chargé d'administrer les revenus d'une église. =
FABRICERIUS, *fabricien;* MATRICULARIUS, *marguillier*.

Ἑπτάφωτος, ος, ον (eccl. *qui a sept lumières*).
Ἑπτάφωτος λυχνία, chandelier à sept branches, qui est
placé sur l'autel dans certaines églises.

Ἑσπερινός, ου, ὁ (ἑσπερινός, ή, όν, class. *du soir,
qui a lieu le soir*), s. e. ὕμνος. Heure canoniale qui
se dit immédiatement après le coucher du soleil. Elle
est la première, si l'on tient compte de l'ordre chronologique de l'Office, dont la durée est comprise entre
deux couchers de soleil, et elle est également la première de ces trois heures qui doivent leur origine à
l'antique vigile, la deuxième étant celle de Matines,
Μεσονυκτικόν, et la troisième étant celle de Laudes,
Ὄρθρος. Mais, dans la pratique, elle est considérée
comme l'avant-dernière, parce qu'après les Complies,
Ἀπόδειπνον, qui se disent un peu plus tard, les religieux se retirent dans leurs cellules pour prendre un
peu de repos, jusqu'à la fin du jour civil commencé
24 heures plus tôt, à minuit. = VESPERÆ, LAUDES
VESPERTINÆ, *Vêpres*. — Ὁ μέγας Ἑσπερινός, les grandes Vêpres. On appelle ainsi, ou simplement ὁ Ἑσπερινός, l'office proprement dit des Vêpres qui se dit
aussitôt après le coucher du soleil et dont la première
partie se nomme λυχνικόν, parce qu'elle commence dès
que les cierges et les lampes de l'église ont été allumés. = PRIMÆ VESPERÆ, *les Premières Vêpres*. —

'Ο μικρὸς Ἑσπερινός, les petites Vêpres. Cet office, qui est plus court que le précédent, se dit immédiatement avant le coucher du soleil. Il est du reste tombé en désuétude et n'est plus récité que dans quelques monastères, et encore uniquement à certaines fêtes. = SECUNDÆ VESPERÆ, *les secondes Vêpres.*

Ἑσπερινός, ή, όν ou **Ἐπέριος, ος,** ou **α, ον** (class. *du soir, qui a lieu le soir*). Qui appartient à l'office du soir, aux Vêpres, Ἐπερινός.

Ἑσπέριος, ος ou **α, ον.** Voy. ἑσπερινός, ή, όν.

Ἐσταυρωμένος, ου, ὁ (de σταυρῶ, eccl. *mettre en croix*), s. e. Χριστός. Le Crucifié, c'est-à-dire la représentation de Jésus-Christ attaché à la Croix. Cette représentation n'est jamais formée que par une image de Notre-Seigneur qui est peinte ou directement sur la croix ou sur une tablette de bois qui y est fixée. Voy. εἰκών. = CRUCIFIXUS, *crucifix.*

Εὐαγγέλιον, ου, τὸ (class. *récompense donnée au porteur d'une bonne nouvelle; bonne nouvelle*). 1º Livre liturgique contenant les extraits des quatre Évangiles dans l'ordre où ils doivent être lus pendant le cours de l'année à la Messe et à l'Office. Voy. τετραευαγγέλιον. = EVANGELIA TOTIUS ANNI, EVANGLIA-RIUM, *Évangéliaire.* — 2º Extrait du texte des Évangiles qu'on lit à la Messe, à l'Office ou dans toute autre cérémonie. = EVANGELIUM, *Évangile.* — Εὐαγγέλιον ἑωθινὸν ἀναστάσιμον. Voy. ἑωθινός et ἀναστάσιμος. — Εὐαγγέλιον προεόρτιον. Voy. προεόρτιος. — Εὐαγγέλιον μεθέορτον. Voy. μεθέορτος.

Εὐαγγελισμός, οῦ, ὁ (class. *annonce d'une bonne nouvelle*). Ὁ Εὐαγγελισμὸς τῆς Θεοτόκου, la Bonne Nouvelle de la Mère de Dieu, c'est-à-dire le Message apporté à la Sainte-Vierge par l'archange Gabriel pour lui annoncer le mystère de l'incarnation. L'anniversaire en est célébré le 25 mars. = ANNUNCIATIO B. M. V., *Annonciation de la Sainte-Vierge.*

Εὐαγγελιστάριον, ου, τὸ (de εὐαγγέλιον, *évangile*). Livre contenant toutes·les tables et toutes les rubriques qu'on doit connaître pour se servir convenablement de l'Évangéliaire ou livre des Évangiles, Εὐαγγέλιον. Il est ordinairement imprimé à la suite de ce dernier.

Εὐαγγελιστής, οῦ, ὁ (class. *celui qui porte de bonnes nouvelles*). Chacun des quatre Saints qui ont écrit les Évangiles. = EVANGELISTA, *évangéliste.*

Εὐλόγησις, εως, ἡ (eccl. *bénédiction*). Action d'un prêtre ou d'un évêque qui bénit un objet, une personne ou tous les assistants. Ce mot a pour synonyme εὐλογία. Il faut remarquer toutefois que εὐλόγησις désigne spécialement l'acte par lequel se donne la bénédiction, tandis que εὐλογία est plutôt le nom de la bénédiction qui est donnée. L'εὐλογία est donc le résultat de l'εὐλόγησις. = BENEDICTIO, *bénédiction.*

Εὐλογητάριον, ου, τὸ, s. e. τροπάριον. Tropaire ainsi appelé, parce qu'il est précédé du verset : Εὐλογητὸς εἶ, Κύριε, δίδαξόν με τὰ δικαιώματά σου.

Εὐλογητός, οῦ, ὁ. On désigne ainsi une courte formule de bénédiction qui revient très souvent sur les lèvres du prêtre. En voici les paroles : « Εὐλογητὸς ὁ Θεὸς ἡμῶν πάντοτε, νῦν, καὶ ἀεί, καὶ εἰς τοὺς αἰῶνας τῶν αἰώνων. Ἀμήν. » On dit : ποιεῖν εὐλογητόν, dans le sens de : prononcer l'εὐλογητός.

Εὐλογία, ας, ἡ (class. *langage honnête, louange, éloge*). 1º Action d'un prêtre ou d'un évêque qui bénit

un objet, une personne ou tous les assistants en faisant le signe de la croix et en prononçant une certaine
formule. = BÉNÉDICTIO, *bénédiction*.— 2° Action par
laquelle le prêtre change, pendant la Messe, le pain
et le vin au Corps et au Sang de Jésus-Christ, en
disant les paroles qui furent prononcées par le Sauveur à la dernière cène. = CONSECRATIO, *consécration*. — Voy. εὐλόγησις.

Εὕρεσις, εως, ἡ (class. *action de trouver*). Découverte de certaines reliques. = INVENTIO, *invention*.

Εὐταξίας, ου, ὁ (de εὖ, *bien*, et τάξις, *ordre*). Officier
ecclésiastique chargé de maintenir l'ordre dans l'église
et de faire les honneurs pendant les cérémonies.

Εὐχαριστία, ας, ἡ (class. *reconnaissance*). Remerciement, témoignage de reconnaissance pour une grâce
obtenue de Dieu. Principalement cette partie des prières de la Communion, ἀκολουθία τῆς μεταλήψεως, qui se
disent après la réception de la Sainte Eucharistie. =
action de grâces après la Communion. Voy. ἐπιλύχνιος.

Εὐχέλαιον, ου, τὸ (de εὐχή, *prière*, et ἔλαιον, *huile*).
L'huile, c'est-à-dire l'onction, accompagnée de prières. On appelle ainsi celui des sept sacrements qui
a été institué par Notre-Seigneur pour le soulagement
spirituel et même corporel des malades. D'après la
discipline de l'Église grecque il faut sept prêtres, ou
tout au moins trois pour l'administrer. Cependant chez
les Grecs unis il est souvent conféré par un seul prêtre. C'est ce dernier ou le principal officiant, lorsqu'il
y en a plusieurs, qui bénit l'huile, matière de ce sacrement. Celle-ci est désignée ordinairement par l'expression τὸ ἅγιον ἔλαιον, l'huile sainte. = EXTREMA UNCTIO,
Extrême-Onction. — Ὁ ποιῶν τὸ Εὐχέλαιον. Les rubri-

ques nomment ainsi, non pas le prêtre qui confère ce sacrement, mais le malade qui le reçoit, c'est-à-dire celui qui *fait faire* l'Extrême-Onction.

Εὐχή, ῆς, ἡ (class. *prière*). 1° Formule déprécatoire par laquelle les prêtres ou les fidèles demandent à Dieu son assistance ou lui témoignent leur reconnaissance. = ORATIO, *oraison;* PRECATIO, *prière.* — 2° Formule par laquelle le prêtre prie le Seigneur de répandre ses dons sur la créature qui est l'objet de cette prière. = BENEDICTIO, *bénédiction.*

Εὐχολόγιον, ου, τὸ (de εὐχή, *prière,* et λέγω, *recueillir, rassembler*). Livre liturgique contenant l'ordinaire des trois Messes grecques, les rites relatifs à l'administration des sacrements, l'office des morts, les prières des agonisants, un grand nombre de bénédictions et de prières diverses, etc., etc. C'est par excellence le livre de l'évêque, du prêtre et du diacre. On lui donne souvent le nom de Grand Eucologe, Εὐχολόγιον τὸ Μέγα, pour le distinguer du Petit Eucologe, Μικρόν Εὐχολόγιον, qui en est l'abrégé. L'ordinaire des Messes est souvent publié à part dans un volume intitulé Λειτουργίαι. = MISSALE, *Missel;* RITUALE, *Rituel;* PONTIFICALE, *Pontifical;* SACRAMENTARIUM, *Sacramentaire.*

Ἐφάπλωμα, ατος, τὸ (class. *tenture, couverture*). Voy. ἐνδυτή.

Ἐφημερία, ας, ἡ (class. ἐφημέριος, ος, ον, *qui dure un jour, quotidien*). Charge ecclésiastique dont le titulaire dirige les âmes et administre les sacrements dans une certaine étendue de pays qu'on nomme paroisse. Le nom donné à cette charge vient de ce que le service paroissial était et est encore souvent fait alternativement par les religieux d'un monastère. = CURIA, *cure.*

'Εφημέριος, ου, ὁ (ἐφημέριος, ος, ον, class. *qui dure un jour, quotidien*), s. e. ἱερεύς. 1° Dans les églises desservies par plusieurs prêtres, chaque jour, à tour de rôle, l'un d'entre eux est chargé spécialement d'officier, d'administrer les sacrements, etc. Il est donc le prêtre du jour, ἐφημέριος, c'est-à-dire qu'il est à peu près, pendant la journée, ce qu'est chez nous chaque jour le *prêtre de garde* ou pendant sept jours de suite le *prêtre de semaine*, HEBDOMADARIUS. — 2° Le prêtre qui dessert une église paroissiale. Il est ainsi appelé parce que le service paroissial était, et est encore, souvent fait, à tour de rôle, par les religieux d'un monastère. = PAROCHUS, *curé*. — 'Εφημέριος παρεκκλησίου = CAPELLANUS, *chapelain*.

'Εωθινόν, οῦ, τὸ. Voy. ἐωθινός.

'Εωθινός, ή, όν (class. *de l'aurore;* eccl. *qui est propre au matin, qui appartient à l'office de l'aurore*). Εὐαγγέλιον ἐωθινόν, Évangile de l'aurore. On appelle ainsi un extrait des Évangiles relatif à la résurrection de Notre-Seigneur (d'où l'épithète ἀναστάσιμον par laquelle on le désigne également), qui est lu le dimanche matin à l'office de l'aurore, Ὄρθρος. — Τροπάριον ἐωθινόν, ou absolument ἐωθινόν, tropaire qui est chanté à la fin de l'office de l'aurore, c'est-à-dire des Laudes, et qui reproduit la pensée principale contenue dans l'εὐαγγέλιον ἐωθίνον, lu à ce même office.

Z

Ζέον, οντος, τὸ (de ζέω, *être bouillant*), s. e. ὕδωρ. Petite quantité d'eau chaude qui, après avoir été bénite par le prêtre, est versée par le diacre dans le calice immédiatement avant la communion.

Ζώνη, ης, ἡ (class. *ceinture*). 1° Bande d'étoffe dont les membres du clergé se ceignent les reins pour retenir l'ἀντερίον. — 2° Bande d'étoffe que le prêtre et l'évêque se mettent autour des reins pour retenir à la fois le στιχάριον et l'ἐπιτραχήλιον. = CINGULUM, *ceinture*.

Η

Ἡγούμενος, ου, ὁ (class. *conducteur*, *chef*). Supérieur d'un monastère, μονή. On l'appelle aussi προεστώς et καθηγούμενος. = ABBAS, *abbé*; *supérieur*.

Ἡμερολόγιον, ου τὸ. Voy. καλανδάριον.

Ἦχος, ου, ὁ (class. *son*, *bruit*). Sorte de mélodie renfermée dans une certaine étendue de sons. C'est la prédominance de l'un de ces sons et non l'ensemble des rapports mélodiques auxquels ils donnent lieu qui est indiquée par le mot ἦχος. = TONUS, *ton*; MODUS, *mode*. — Comme le plain-chant des Latins, la musique ecclésiastique grecque comprend quatre modes, dont le nombre est doublé par l'adjonction de quatre modes plagaux. Voici les noms de ces huit modes : 1° ἦχος πρῶτος ou ἦχος α΄, premier mode. = *premier mode du plain-chant*; 2° ἦχος δεύτερος ou ἦχος β΄, deuxième mode. = *troisième mode du plain-chant*; 3° ἦχος τρίτος ou ἦχος γ΄, troisième mode. = *cinquième mode du plain-chant*; 4° ἦχος τέταρτος, quatrième mode. = *septième mode du plain-chant*; 5° ἦχος πλάγιος πρῶτος ou ἦχος πλ. α΄; premier mode plagal. = *deuxième mode du plain-chant*; 6° ἦχος πλάγιος

δεύτερος ou ἦχος πλ. δ', deuxième mode plagal. = *quatrième mode du plain-chant;* 7° ἦχος βαρύς, mode
grave. = *sixième mode du plain-chant;* 8° ἦχος
πλάγιος τέταρτος ou ἦχος πλ. δ', quatrième mode plagal.
= *huitième mode du plain-chant.* Le troisième mode
plagal est toujours appelé mode grave, parce que c'est
celui qui a la finale la plus basse.

Θ

Θαλασσίδιον, ου, τό (class. *mesure maritime*). Voy.
χωνευτήριον.

Θαυματουργός, ου, ὁ (class. *celui qui accomplit
des prodiges*). Thaumaturge. Ce nom est donné dans le
calendrier à des Saints rendus célèbres par les miracles
qu'ils ont faits.

Θεολόγος, ου, ὁ (class. *celui qui traite de la nature
divine*). Théologien. Cette épithète est appliquée spécialement à S. Jean l'Évangéliste et à S. Grégoire de
Nazianze, parce qu'ils ont mieux que personne prouvé
la divinité de Jésus-Christ.

Θεομητορικός, ή, όν (eccl. *qui concerne la Mère de
Dieu*). Ἑορτή Θεομητορική = FESTUM B. M. V., *fête de
la Sainte-Vierge.*

Θεοτοκάριον, ου, τό (de Θεοτόκος, *Mère de Dieu*).
Livre liturgique contenant des κανόνες en l'honneu.
de la Sainte-Vierge. Ces canons, au nombre de cin-
quante-six, sont divisés en huit séries, chacune desquelles est chantée sur l'un des huit modes. Chaque

série comprend sept canons, c'est-à-dire autant qu'il
y a de jours dans la semaine.

Θεοτόκιον, plus souvent **Θεοτοκίον, ου, τὸ** (de
Θεοτόκος, *Mère de Dieu*), s. e. τροπάριον. Tropaire dans
lequel la Vierge Marie, Mère de Dieu, est célébrée ou
invoquée.

Θεοτόκος, ου, ἡ (class. θεοτόκος, ος, ον, *qui enfante
un dieu*). Nom sous lequel est ordinairement désignée
la Vierge Marie, la Mère de Notre-Seigneur Jésus-
Christ. = DEIPARA, *la Mère de Dieu.*

Θεοφάνεια ou **Θεοφάνια, ων, τὰ** (class. *fête par
laquelle on célèbre l'apparition d'une divinité*).
Théophanie ou fête de la Manifestation de Dieu,
laquelle est célébrée le 6 janvier, et dont tout l'office
se rapporte au Baptême de Jésus-Christ. On l'appelle
encore τὰ Φῶτα, c'est-à-dire la fête des Lumières
(Voy. φῶς), et ce n'est que rarement que les auteurs
ecclésiastiques la désignent par le mot ἐπιφάνεια. L'arrivée des Mages à Bethléem est rattachée à la fête de
Noël. Par Théophanie il faut entendre la manifestation
de la Sainte Trinité qui eut lieu au Baptême de
Notre-Seigneur, lorsque le Saint-Esprit descendit sur
lui sous la forme d'une colombe, et que le Père Céleste
le proclama son fils bien-aimé. = EPIPHANIA DOMINI,
Épiphanie de Notre-Seigneur.

Θεοφάνια, ων, τὰ. Voy. Θεοφάνεια.

Θερμάριον, ου, τὸ (de θερμόν, class. *eau chaude*).
Vase servant à contenir l'eau chaude dont il est fait
usage dans certaines cérémonies. On l'appelle également ὀρκιώλιον.

Θεώριος, ου, ὁ (byz. *spectateur*). Officier ecclésiastique d'une cathédrale qui doit veiller à ce que chaque

assistant occupe la place qui lui est assignée, de
sorte qu'il n'y ait aucune confusion dans l'assemblée
pendant les cérémonies.

Θόλος, ου, ὁ (class. *voûte, dôme*). Construction en
forme de demi-sphère creuse surmontant une église.
On l'appelle également τροῦλλα ou τροῦλλος. = THOLUS,
dôme, coupole.

Θρόνος, ου, ὁ (class. *siège, fauteuil, trône*). 1° Siège
de l'évêque dans une église cathédrale, μεγάλη ἐκκλησία. On l'appelle aussi, mais moins souvent, καθέδρα.
Il se dresse sur une estrade élevée de plusieurs degrés
que surmonte un baldaquin. Sur son dossier, qui est
très haut, est peinte une Sainte Image, εἰκών. Il y a
deux sièges épiscopaux dans une cathédrale. Le principal est placé dans la partie droite ou méridionale du
chœur, χορός. Voy. δεσποτικόν. L'autre est situé au fond
de l'abside, κόγχη, derrière l'autel, ἁγία τράπεζα. L'évêque s'y asseoit à certains moments, lorsqu'il célèbre le
Saint Sacrifice pontificalement. A droite et à gauche
se voient quelques stalles, στασίδια, qui sont réservées
aux prêtres admis à la concélébration, συλλείτουργον.
Le mot σύνθρονον est employé pour désigner tout à la
fois et ce siège épiscopal et ces stalles qu'il domine.
= CATHEDRA, *chaire* (par exemple dans l'expression :
chaire de S. Pierre); SOLIUM ou SEDES EPISCOPI, *siège
épiscopal, trône de l'évêque.* — 2° Évêché et sa juridiction. On emploie le mot καθέδρα dans le même sens.
= CATHEDRA, *siège.*

Θυμίαμα, ατος, τὸ (class. *parfum*). Composition
que l'on brûle comme parfum dans les cérémonies
religieuses, mélange d'oliban et de gommes-résines.
= THUS, INCENSUM, *encens.*

Θυμιατήριον, ου τὸ (class. *brûle-parfums*), ou

Θυμιατός, οῦ, ὁ (θυμιατός, ή, όν, class. *parfumé*).
Cassolette suspendue à de courtes chaînes, dans
laquelle on brûle de l'encens. = THYMIATERIUM, FUMI-
GATORIUM, THURIBULUM, INCENSORIUM, *encensoir*. —
A Constantinople on désigne souvent l'encensoir par
le mot κατζίον.

Θυμιατός, οῦ, ὁ. Voy. Θυμιατήριον.

Θύρα, ας, ἡ (class. *porte*). Ce mot, à la place duquel
on emploie souvent son synonyme πύλη, ou bien encore
son diminutif θύριον, sert à désigner toute porte conduisant dans une église, ou permettant de franchir les
murs ou les cloisons qui séparent les diverses parties
de cet édifice. Or, comme les portes d'une église sont
nombreuses, on a dû les distinguer par des épithètes
spéciales. Malheureusement, soit à cause du peu de
précision de ces dernières, soit à cause des modifications introduites peu à peu dans la distribution des
différentes parties dont une église se compose, il s'est
fait une grande confusion dans l'emploi de ces noms.
Aussi, lorsqu'on lit un texte des rubriques ou de
quelque auteur ecclésiastique, où il est question de
telle ou telle porte d'une église, on a souvent de la
peine à se représenter exactement l'emplacement de
celle-ci. Les expressions les plus usitées aujourd'hui
pour désigner les principales portes d'une église sont
les suivantes : 1° ἡ ἁγία θύρα, ἡ ἁγία πύλη, αἱ ἅγιαι θύραι, τὰ
ἅγια θύρια, la porte sainte, ou les portes saintes (parce
que cette porte est composée de deux battants), c'est-
à-dire la porte qui s'ouvre au milieu de l'iconostase,
τέμπλον, et par laquelle on passe de la nef, ναός, ou
plutôt du chœur, χορός, ou mieux encore, de la σολέα,
dans le sanctuaire, ἱερατεῖον. Elle est réservée aux
évêques et aux prêtres officiants. Les diacres eux-

mêmes ne peuvent la franchir que pendant la partie la
plus solennelle de leur ministère. Souvent ses deux
battants sont formés d'une grille; mais, comme dans
ce cas, l'obstacle qu'elle oppose aux regards est insuf-
fisant à certains moments, un rideau peut être tendu
derrière elle, de façon à intercepter complètement la
vue de l'autel. Quelquefois elle ne se compose que de
ce rideau mobile. Voy. καταπέτασμα, βηλόθυρον; —
2° ἡ βόρειος πύλη, la porte septentrionale, et ἡ νότιος
πύλη, la porte méridionale, c'est-à-dire les deux portes
secondaires de l'iconostase, placées l'une à gauche de
la porte sainte, et par conséquent du côté nord de
l'église, l'autre à droite, autrement dit du côté du sud.
Ces portes sont ordinairement de bois, et sur leur
face externe est peinte l'image d'un ange, pour rappeler que les diacres et les clercs minorés qui les
franchissent souvent pendant le saint sacrifice, exercent dans le sanctuaire des fonctions semblables à
celles que les esprits célestes remplissent autour du
trône de Dieu. Voy. πλάγιος. — 3° ἡ βασιλικὴ πύλη,
la porte royale. Voy. βασιλικός. — 4° ἡ ὡραῖα πύλη, la
belle porte. Voy. ὡραῖος; — 5° ἡ μεγάλη πύλη, la grande
porte, c'est-à-dire la porte principale par laquelle on
pénètre dans une église, et qui se trouve à l'extrémité
de l'édifice opposée au sanctuaire.

Θύριον, ου, τό (class. *petite porte*). Voy. θύρα.

Θυσιαστήριον, ου, τό (class. *table sur laquelle un
sacrifice est offert*). Voy. τράπεζα.

Θωμᾶς, ᾶ, ὁ. Nom de l'un des douze apôtres. Voy.
'Αντίπασχα.

I

Ἰδιόμελον, ου, τὸ. Voy. ἰδιόμελος.

Ἰδιόμελος, ος, ον (eccl. *qui a sa mélodie particulière*). Τροπάριον ἰδιόμελον, ou absolument ἰδιόμελον, tropaire qui se chante sur une mélodie qui lui appartient
en propre. On l'appelle aussi, mais moins souvent,
αὐτόμελον.

Ἰδιώτης, ου, ὁ (class. *particulier, homme privé*).
Religieux, μοναχός, qui n'a pas reçu les ordres sacrés.
= MONACHUS LAICUS, *frère lai*.

Ἱερά, ων, τὰ (class. *les choses saintes*). Les usten-
siles sacrés nécessaires pour la célébration du saint
sacrifice, tels que la patène, δίσκος, le calice, ποτήριον,
etc.

Ἱεράρχης, ου, ὁ (class. *chef de l'ordre hiérar-
chique, grand-prêtre*). Ce nom est souvent employé,
ainsi que ἀρχιερεύς, pour désigner l'évêque, ἐπίσκοπος
= PONTIFEX, *pontife*. — Voy. Ἀνώνυμοι.

Ἱερατεία, ας, ἡ (class. *prêtrise*). Voy. ἱερωσυνή.

Ἱερατεῖον, ου, τὸ (class. *demeure des prêtres*).
1° Partie de l'église où se dresse l'autel et dans
laquelle les membres du clergé peuvent seuls pénétrer.
Elle est située à l'extrémité du temple qui regarde
l'orient, et elle est séparée du chœur, χορός, ou plutôt
de la σολέα, par l'iconostase, τέμπλον. On l'appelle encore
ἱερόν, βῆμα, ἄδυτον. = SANCTUARIUM, *sanctuaire*. —
2° Le corps des prêtres ; le corps des clercs ou des

ecclésiastiques. = SACERDOTIUM, *sacerdoce;* CLERICI,
clergé.

'Ιερατικόν, οῦ, τό (ἱερατικός, ή, όν, class. *sacerdotal*),
s. e. βιβλίον. Livre liturgique de composition relative-
ment récente, renfermant les prières que le prêtre a
le plus souvent à réciter. Il en existe des éditions
différentes, qui ne sont pas toutes conformes à un type
nettement déterminé. Cependant on peut dire qu'il
contient essentiellement tout ce qui doit être prononcé
par le prêtre aux offices des Vêpres et des Laudes,
ainsi qu'aux trois messes. Quelquefois il est appelé
ἱεροτελεστικόν.

'Ιερατικός, ή, όν (class. et eccl. *qui appartient au*
prêtre). Ἡ ἱερατικὴ στολή, les vêtements sacerdotaux.
Voy. στολή. — Σχολὴ ἱερατική, école où l'on prépare à
la réception des ordres. = SEMINARIUM, *séminaire.*

'Ιερεύς, εως, ὁ (class. *prêtre*). Celui qui a le pouvoir
de célébrer le Saint Sacrifice et d'administrer les
sacrements, en vertu de l'ordre du sacerdoce, ἱερωσύνη,
qui lui a été conféré. Voy. πρεσβύτερος, ἱερομόναχος. =
SACERDOS, *prêtre.*

'Ιεροδιακονία, ας, ἡ (de ἱεροδιάκονος, *diacre*). Voy.
διακονία.

'Ιεροδιακονικόν, οῦ (ἱεροδιακονικός, ή, όν, eccl. *rela-*
tif au diacre). Voy. διακονικόν.

'Ιεροδιάκονος, ου, ὁ (de ἱερός, ά, όν, *sacré*, et διάκονος, *diacre*). Voy. διάκονος.

'Ιεροκῆρυξ, υκος, ὁ (class. *héraut sacré*). Prêtre
qui annonce en chaire la parole de Dieu. Voy. κῆρυξ.
= PRÆDICATOR, *prédicateur.*

'Ιερομάρτυς, υρος, ὁ (de ἱερός, *sacré*, et μάρτυς,
martyr). Prêtre ou évêque martyr. Voy. ἀνώνυμοι.

'Ιερομνήμων, ονος, ὁ (class. *dépositaire d'une chose sacrée; gardien des archives sacrées*). Officier ecclésiastique qui est chargé de veiller sur les livres liturgiques de l'église patriarchale et d'empêcher qu'on n'y apporte la moindre modification. Le rôle de ce personnage était beaucoup plus important avant la découverte de l'imprimerie.

'Ιερομόναχος, ου, ὁ (de ἱερός, *sacré*, et μοναχός, *moine*). Prêtre qui appartient à un ordre religieux. Voy. πρεσβύτερος, ἱερεύς = SACERDOS REGULARIS, *prêtre régulier*.

'Ιερόν, οῦ, τὸ (class. *enceinte sacrée*). Sanctuaire d'une église. Voy. ἱερατεῖον.

'Ιερός, ά, όν (class. et eccl. *sacré, saint*). Τὰ ἱερὰ ἄμφια, ἡ ἱερὰ στολή, αἱ ἱεραὶ στολαί, les vêtements sacrés. Voy. στολή.

'Ιεροτελεστικόν, ου, τὸ (ἱεροτελεστικός, ή, όν, *qui concerne les initiations aux mystères*), s. e. βιβλίον. Voy. ἱερατικόν.

'Ιερουργία, ας, ἡ (class. *fonction sacrée*). La fonction sacrée par excellence du prêtre ou de l'évêque, la célébration du Saint Sacrifice. Les rubriques emploient quelquefois le mot ἱερουργία comme synonyme de λειτουργία, *messe*.

'Ιερουργός, οῦ, ὁ (ἱερουργός, ός, όν, class. *qui remplit des fonctions sacrées*). Prêtre qui accomplit une cérémonie sacrée. = CELEBRANS, *célébrant, officiant*.

'Ιερωσυνή, ῆς, ἡ (class. *sacerdoce*). 1° *Sacrement qui donne le pouvoir de faire les fonctions ecclésiastiques.* = ORDO, ORDINATIO, *ordre*. — 2° Ordre sacré par lequel un homme est fait prêtre. On dit aussi ἱερατεία. = SACERDOTIUM, *sacerdoce, prêtrise*.

Ἱκεσία, ας, ἡ (class. *prière*). Toute supplication en général, et, plus spécialement, une série d'invocations prononcées à la suite l'une de l'autre. (Voy. ἐκτενής). = SUPPLICATIO, *supplication*; ROGATIONES, *rogations*.

Ἱκετήριος, ος ou α, ον (class. *de suppliant, fait pour supplier, ou en forme de supplication*). Κανών ἱκετήριος, canon dont chaque tropaire contient une supplication. On emploie dans le même sens l'adjectif παρακλητικός.

Ἰνδικτιών, ῶνος, ἡ, ou Ἰνδικτος, ου, ἡ (du lat. INDICTIO, *indiction*). Cycle en usage dans l'Église, c'est-à-dire révolution de quinze années que l'on recommence toujours par une lorsque le nombre de quinze est terminé. = INDICTIO, *indiction*. — Les Grecs célèbrent la fête de l'Indiction le premier jour de l'année ecclésiastique, c'est-à-dire le 1ᵉʳ septembre.

Ἰνδικτος, ου, ἡ. Voy. ἰνδικτιών.

Ἰσαπόστολος, ου, ὁ, ἡ (de ἴσος, *égal*, et ἀπόστολος, *apôtre*). Égal aux Apôtres. Cette épithète est donnée dans le calendrier à deux Saints (Constantin le Grand et Abercius), et à trois Saintes (l'impératrice Hélène, Marie-Madeleine et Thècle).

K

Καθέδρα, ας, ἡ (class. *siège, chaise, chaire*). 1° Siège de l'évêque dans une église cathédrale. On le désigne plus souvent par le mot θρόνος. — 2° Siège d'un membre du clergé. On emploie de préférence le terme στασίδιον.

Καθηγούμενος, ου, ὁ (class. *guide, conducteur*). Voy. ἡγούμενος.

Καθημερινή, ῆς, ἡ (καθημερινός, ή, όν, class. *quotidien*), s. e. ἡμέρα. Jour qui n'est pas un dimanche et où l'on ne célèbre pas de fête, ἑορτή. = FERIA, *férie*.

Καθιέρωσις, εως, ἡ (class. *consécration*). Voy. ἐγκαίνια.

Κάθισμα, ατος, τὸ (class. *lieu où l'on s'assied, action de s'asseoir*). 1° Tropaire, τροπάριον, pendant le chant duquel il est permis de s'asseoir. — 2° Une des vingt grandes divisions du Psautier, Ψαλτήριον, partagée elle-même en trois stations, στάσεις.

Καὶ νῦν. Voy. δοξαστικόν.

Καλανδάριον ou **Καλεντάριον, ου, τὸ** (lat. CALENDARIUM, *calendrier*). Tableau des jours, des semaines et des mois de l'année, sur lequel on inscrit le nom des fêtes que l'on célèbre. Le calendrier julien est encore en usage chez les Grecs dissidents. On emploie avec la même signification le mot ἡμερολόγιον. Mais le nom véritable du calendrier liturgique est μηνολόγιον.

Καλάσιρις, ιδος, ἡ (class. *sorte de vêtement de lin*). Habit long et de couleur noire que portent les ecclésiastiques. Celui des évêques et des patriarches est quelquefois d'une autre couleur. Dans le langage courant on emploie le mot ἀντερίον au lieu de καλάσιρις. = SOTTANA, SUBTANEA, *soutane*.

Καλεντάριον, ου, τὸ. Voy. καλανδάριον.

Καλόγερος, Καλόγηρος, ου, ὁ (byz. *heureux dans sa vieillesse*). Titre respectueux donné aux moines, sans qu'il soit tenu compte de leur âge.

Καλόγηρος, ου, ὁ. Voy. καλόγερος.

Καλυμαύχιον, ου, τὸ. Voy. καλυμαύχιον.

**Καλυμαύχιον, Καλυμαύκιον, Καλυμμαύχιον,
Καλύμμαυχον, ου, τὸ** (de κάλυμμα, *couverture*, et
αὐχήν, *nuque*, = coiffure *couvrant la nuque*), ou
**Καμαλαύκιον, Καμελαύκιον, Καμελαύχιον,
ου, τὸ** (de κάμηλος, *chameau*, et αὐχήν, *nuque*. =
coiffure couvrant *la nuque et faite de poils de chameau*). Grand bonnet tout droit ou élargi au sommet
que portent les membres du clergé engagés dans les
ordres majeurs. = PILEUS, *chapeau;* BIRRETUM,
barrette.

Κάλυμμα, ατος, τὸ (class. *couverture, enveloppe*).
Ce mot sert à désigner trois voiles faits d'étoffe de
soie et richement ornés dont le prêtre couvre les
oblats contenus dans le calice et la patène. — 1° τὸ
πρῶτον κάλυμμα, ou τὸ δισκοκάλυμμα, *le premier voile* ou
voile de la patène, qui se place sur la patène, δίσκος,
mais que l'astérisque ou étoile, ἀστήρ, empêche de
venir en contact avec les saintes parcelles, μερίδες. —
2° τὸ δεύτερον κάλυμμα, *le second voile*, qui sert à couvrir le calice, ποτήριον. = PALLA, *pale.* — 3° Τὸ κάλυμμα,
ou ὁ ἀήρ, *le voile* proprement dit, ou *l'air*, lequel,
plus grand que les deux autres, est destiné à recou-
vrir tout à la fois le calice et la patène. = VELUM,
voile. — Dans quelques églises qui possèdent un
riche trésor, le voile du calice et le voile de la patène
dont on fait usage les jours de fêtes solennelles sont
des couvercles solides, magnifiquement ornés, qui
ont à peu près la forme des mitres épiscopales.

Καλυμμαύχιον, ου, τὸ. Voy. καλυμαύχιον.

Καλύμμαυχον, ου, τὸ. Voy. καλυμαύχιον.

Καμαλαύκιον, ου, τὸ. Voy. καλυμαύχιον.

Καμάρα, ας, ἡ (class. *voûte*, *arcade*). Voy. πεσσός.

Καμελαύκιον, ου, τὸ. Voy. καλυμαύχιον.

Καμηλαύκιον, ου, τὸ. Voy. καλυμαύχιον.

Καμελαύχιον, ου, τὸ. Voy. καλυμαύχιον.

Καμπάνα, ης, ἡ (lat. CAMPANA, *cloche*), ou **Κώδων ωνος, ὁ** (class. *cloche*). Instrument d'airain produi- sant des sons retentissants à l'aide d'un battant sus- pendu à l'intérieur. = CAMPANA, *cloche*.

Καμπαναρειόν, οῦ, τὸ, ou **Καμπανάριον, ου, τὸ** (lat. CAMPANARIUM, *clocher*), ou **Κωδωνοστά- σιον, ου, τὸ** (de κώδων, *cloche*, et ἵστημι, *dresser*, *placer*). Bâtiment élevé faisant partie d'une église et dans lequel les cloches sont suspendues. = CAMPANA- RIUM, CAMPANILE, *clocher*, *campanile*.

Καμπανάριον, ου, τὸ. Voy. Καμπαναρειόν.

Κανδῆλα, ας, ἡ (lat. CANDELA, *flambeau*, *chandelle*, *cierge*). Lampe qui brûle devant une sainte Image, Εἰκών, et dont le feu est alimenté avec de l'huile d'olive.

Κανίον ou **Καννίον, ου, τὸ** (bas-lat. CANNA, KANNA, *sorte de vase*). Petit flacon de cristal ou de métal pré- cieux, de forme allongée et dont l'ouverture fort étroite est fermée par un tamis très fin. On s'en sert pour faire une aspersion d'eau de rose, ῥοδόσταγμα, dans certaines cérémonies. C'est ainsi que l'officiant asperge l'ἐπιτάφιον, le Samedi Saint pendant les Laudes. En temps ordinaire le sacristain ou le marguillier qui fait la quête tient un plateau dans une main et un κανίον dans l'autre, et lorsqu'une personne met une pièce de monnaie dans le plateau, il lui verse sur les doigts quelques gouttes d'eau de rose. Au lieu de κανίον on emploie quelquefois le mot βικίον.

Καννίον, ου, τὸ. Voy. κανίον.

Κανονάρχης ou **Κανόναρχος, ου, ὁ** (de κανών,
canon, et ἄρχω, *guider, conduire, commencer*). Celui
qui commence les κανόνες. On appelle ainsi un enfant
ou un jeune lecteur, ἀναγνώστης, qui est chargé tantôt
de lire certaines leçons, tantôt d'exécuter certains
chants. Il y a ordinairement deux κανονάρχαι, le premier ou celui de droite, πρῶτος ou δεξιός, qui appartient
au chœur de droite, et le deuxième ou celui de gauche,
δεύτερος ou ἀριστερός, qui a sa place auprès du chœur
de gauche. Ils aident les chantres et, au besoin, les
remplacent, lorsqu'ils sont absents. Mais leur principal et véritable rôle, celui qui a donné naissance à
leur nom, consiste à faciliter la tâche des chantres
d'une manière toute particulière. Ces derniers, debout
et immobiles, chantent sans se servir de livres, habitude venant de ce qu'autrefois les livres de chœur
étaient rares et conséquemment peu en usage. Ils
chantent donc par cœur les nombreux tropaires dont
se composent les innombrables κανόνες des offices grecs ;
mais, comme la mémoire pourrait leur faire défaut,
ils ne font entendre chaque vers d'un tropaire que
lorsque celui-ci a été préalablement lu à haute voix
par un κανονάρχης. Cette succession rapide d'une
lecture faite par une voix claire d'enfant et d'un chant
exécuté par les chœurs produit un singulier effet. En
un mot le κανονάρχης fait, si l'on peut s'exprimer ainsi,
l'office de souffleur avec cette particularité qu'il ne
parle pas à voix basse. = *enfant de chœur.*

Κανόναρχος, ου, ὁ. Voy. κανονάρχης.

Κανόνιον, ου, τὸ (class. *petite règle; table d'un
livre*). 1° Règle relative à la liturgie. = RUBRICA,
rubrique. — 2° Feuille sur laquelle certaines matières

sont présentées méthodiquement et en raccourci, afin qu'on puisse les voir d'un coup d'œil. Par exemple, κανόνιον τοῦ εὑρίσκειν ἐν ποία ἡμέρα τῆς ἑβδομάδος ἄρχεται ἕκαστος μήν, tableau à l'aide duquel on peut trouver par quel jour de la semaine chaque mois commence. = TABELLA, *table, tableau.*

Κανών, όνος, ὁ (class. *règle*). 1° Canon. Dans la langue liturgique ce mot désigne une composition poétique qui fait partie de l'office de l'aurore, ὄρθρος. Celle-ci est calquée en quelque sorte sur le canon primitif et authentique de cet office, lequel est formé de neuf cantiques tirés de l'Écriture Sainte (Voy. ᾠδή), et c'est pourquoi elle est divisée en neuf parties appelées odes ou cantiques, ᾠδαί. Chacune de ces odes comprend à son tour un plus ou moins grand nombre de tropaires, τροπάρια, qui empruntent leur rythme et leur mélodie à un autre tropaire plus ancien, appelé εἱρμός, et dont les lettres initiales sont souvent soumises à l'acrostiche, ἀκροστιχίς. Il est à remarquer que dans tous les canons qui n'appartiennent pas à l'office quadragésimal, la deuxième ode manque invariablement. La raison de cette lacune est que le second des cantiques scripturaires imités par les hymnographes n'est jamais récité que pendant le Carême, temps de tristesse et de pénitence, et cela parce qu'au lieu d'être un chant d'allégresse, il ne renferme que des menaces redoutables adressées par Dieu aux Israélites. Toutefois, en dépit de cette suppression, les odes conservent toujours leur notation numérique primitive, basée sur la distinction des neuf cantiques de l'Écriture.

Les offices du temps préparatoire à la fête de Pâques étant d'une grande longueur et contenant de nombreux canons, plusieurs de ces derniers ont été réduits à quatre, quelquefois à deux, mais surtout à trois odes,

ce qui les a fait appeler τετρκῴδια, τριῴδια et διῴδια. Le
mot τριῴδιον est même devenu le nom du livre liturgique dans lequel sont réunis les offices propres à cette
période de l'année. Souvent même deux de ces canons
ont été fondus ensemble, et s'ils ne sont pas gouver-
nés par le même εἱρμός, on dit que le canon unique qui
résulte de cette fusion est δύειρμος. Le mot κανών est
l'appellation liturgique de cette série de neuf odes, en
tant qu'elle est une partie essentielle de l'office, mais
lorsqu'on la considère simplement comme une composition poétique, on la nomme ποίημα, poëme. Les tropaires d'une ode sont précédés, ainsi qu'il a été dit,
par celui qu'on appelle εἱρμός, et le dernier d'entre
eux porte le nom de θεοτοκίον, parce qu'il se rapporte
toujours à la Sainte-Vierge. De plus, divers tropaires
intercalaires, qui n'appartiennent pas au canon proprement dit, viennent souvent se placer à la suite de
telle ou telle ode, principalement ceux qu'on nomme
ὑποκοή, καταβασία, κάθισμα, σταυροθεοτοκίον, κοντάκιον.
Quelquefois c'est un texte plus étendu que celui d'un
tropaire, l'οἶκος par exemple, qui interrompt un canon.
Enfin la nature particulière des prières contenues
dans un canon est souvent indiquée par une épithète
spéciale. C'est ainsi qu'on trouve les expressions
κανών ἱκετήριος, κανών παρακλητικός, κανών σταυροαναστάσιμος. Un canon qui est récité certains jours du Carême,
est appelé μέγας κανών, à cause du très grand nombre de
tropaires dont il se compose. Quelquefois des oraisons,
des évangiles, etc., peuvent être intercalés dans un
canon, comme par exemple, dans le παρακλητικὸς κανών.
— 2° On appelle quelquefois κανών la pénitence, ἐπιτίμιον, imposée par un confesseur à un fidèle. Cela vient
de ce que des règlements spéciaux, κανόνες, avaient
été faits dans la primitive Église pour déterminer les

pénitences qui correspondaient aux diverses sortes de péchés. Voy. πίναξ.

Καστρένσιος, ου, ὁ. Voy. καστρήνσιος.

Καστρήνσιος ou **Καστρένσιος** ou **Καστρήσιος, ου, ὁ** (lat. CASTRENSIS, *officier qui était attaché au service personnel de l'empereur, lorsque celui-ci se trouvait dans un camp,* CASTRA). Officier ecclésiastique admis au service privé du patriarche et préposé à la garde de ses insignes. A l'église, il l'aide à revêtir les ornements pontificaux, il lui présente l'encensoir, etc.

Καστρήσιος, ου, ὁ. Voy. καστρήνσιος.

Καταβασία, ας, ἡ (class. *descente*). Tropaire, τροπάριον, placé à la suite d'une ode, ᾠδή, qui appartient au canon, κανών, d'une grande fête. On l'appelle ainsi parce qu'autrefois il était chanté solennellement par les deux groupes des chantres qui descendaient préalablement de leurs stalles et se réunissaient au milieu du chœur. Ce tropaire n'est autre chose que l'εἱρμός même de l'ode qu'il accompagne, c'est-à-dire le tropaire primitif sur le type duquel ont été écrits tous ceux dont cette ode se compose.

Καταγοριάρης, ου, ὁ. Voy. κατηγοριάρης.

Κατηγοριάρης ou **Καταγοριάρης, ου, ὁ** (de κατηγορῶ, class. *spécifier*, *dire*, *signifier*). Officier ecclésiastique d'une cathédrale, qui est chargé d'annoncer au peuple les fêtes d'obligation.

Κατάθεσις, εως, ἡ (class. *action de déposer*). Action de placer une relique dans une église. Ἡ κατάθεσις τῆς Ἐσθῆτος τῆς Θεοτόκου ἐν Βλαχέρναις. La déposition de la Robe de la Sainte-Vierge dans l'église des Blachernes, dont l'anniversaire est fêté le 2 juillet.

Κατακλαστόν, οῦ, τό (de κατακλῶ, *rompre*). Pain divisé en petits fragments qui sont distribués aux fidèles après la messe. Voy. ἀντίδωρον.

Κατάλυσις, εως, ἡ (class. *action de dissoudre, de terminer; fin*). Rupture d'un jeûne; fin d'une abstinence. Κατάλυσις οἴνου, permission de boire du vin. Ἰχθύος κατάλυσις, permission de manger du poisson; littéralement, interruption ou fin de l'abstinence du poisson. Κατάλυσις εἰς πάντα, toute sorte d'aliments est autorisée. Καταλύομεν τετάρτην καὶ παρασκευὴν εἰς τυρὸν καὶ ᾠά, nous pouvons manger du fromage et des œufs le mercredi et le vendredi. Voy. παράκλησις.

Κατανυκτικόν, οῦ, τό. Voy. κατανυκτικός.

Κατανυκτικός, ή, όν (eccl. *pénitentiel*). Κανὼν κατανυκτικός, τροπάριον κατανυκτικόν, ou absolument κατανυκτικόν, canon, tropaire dans lesquels on demande pardon à Dieu des péchés qu'on a commis.

Καταπέτασμα, ατος, τό (class. *tenture, rideau : le voile du Temple*, à Jérusalem). 1° Clôture élevée qui sépare le sanctuaire du chœur et de la nef. Elle est ainsi appelée parce qu'à l'origine elle dut être formée d'un grand rideau, en souvenir du voile qui, dans le Temple de Jérusalem, cachait le Saint des Saints aux regards du peuple. Mais aujourd'hui ce nom ne lui convient plus, parce qu'elle se compose ordinairement d'une cloison solide de bois ou de marbre. Il devrait être réservé pour désigner le rideau de dimension restreinte, vestige du voile primitif, qui constitue la Porte Sainte (Voy. θύρα, βημόθυρον), ou qui l'accompagne, lorsqu'elle est composée d'une grille n'arrêtant pas suffisamment les regards. Voy. ses nombreux synonymes : τέμπλον, δρύφακτα, διάστυλα, κιγκλίδες, εἰκονοστάσιον. = VELUM, *voile*. — 2° Rideau

ou tenture que l'on tire derrière la porte sainte de
l'iconostase, lorsque les regards des fidèles ne doivent
pas pénétrer dans le sanctuaire.

Κατασάρκιον, ου, τὸ (de κατά, *sur*, *dessus*, et σάρξ,
chair). La première des deux nappes qui couvre l'autel. Elle est étendue immédiatement sur les ὑφάσματα,
et elle est fixée à l'aide de cordons qui sont croisés
sous la table de l'autel et noués autour du piédestal,
κίων. Comme son nom ‑l'indique, elle rappelle le linceul dont fut enveloppé le corps de Notre-Seigneur.
Sur elle est placée la deuxième nappe nommée ἐνδυτή.
Le mot κατασάρκιον est remplacé quelquefois par l'expression τὸ κατὰ σάρκα, ce qui entoure le corps. =
MAPPA INFERIOR ALTARIS.

Κατζίον, ου, τὸ (ital. ÇAZZA, *creuset*). Ce mot qui
dans le grec vulgaire désigne un vase de métal pouvant servir à divers usages, est souvent employé chez
les Grecs de Constantinople avec la signification de
brûle-parfums et d'encensoir. Il est donc synonyme
de θυμιατήριον.

Κατήχησις, εως, ἡ (class. *action d'instruire de vive
voix*). 1º Catéchèse ou instruction religieuse, écrite
par un docteur de l'Église, dont on lit les extraits pendant certains offices. — 2º Livre d'instruction religieuse contenant un résumé de la doctrine chrétienne.
= CATECHISMUS, *catéchisme*.

Κατηχητής, οῦ, ὁ (class. *celui qui enseigne*). Ecclésiastique faisant partie du clergé d'une cathédrale,
qui a pour mission d'expliquer au peuple les vérités
de la foi et d'instruire, pour les préparer au baptême,
les infidèles qui veulent devenir chrétiens. = CATE-
CHISTA, *catéchiste*.

Κατηχούμενος, ου, ὁ (class. *celui que l'on ins-*
truit). Celui qui reçoit l'enseignement donné par le
catéchiste et se prépare ainsi à recevoir le baptême.
Bien qu'il n'y ait plus de catéchumènes, l'Ordinaire
de la Messe contient encore des prières qui se disent
pour eux.

Κεκραγάριον, ου, τό. L'ensemble des psaumes
140, 141, 129 et 116, qui se chantent à l'office des
vêpres, et dont les trois premiers contiennent le mot
ἐχέχραξα dans leur premier verset. On emploie souvent
ce mot au pluriel : τὰ κεκραγάρια.

Κέλλα, ης, ἡ (lat. CELLA, *chambre*). Cellule de religieux. Voy. χελλίον.

Κελλάριος, ου, ὁ, ou **Κελλαρίτης, ου, ὁ** (lat.
CELLARIUS, *cellérier*). Religieux qui a soin des provi-
sions de bouche dans un monastère. = CELLARIUS,
cellérier.

Κελλαρίτης, ου, ὁ. Voy. Κελλάριος.

Κελλίον, ου, τό (dim. de χέλλα, du lat. CELLA,
chambre). 1° Petite chambre d'un religieux dans un
monastère. On dit quelquefois χέλλα. = CELLULA,
cellule. — 2° Maison qu'habite le curé, ἐφημέριος,
d'une paroisse. Cette signification s'explique par ce
fait que le service paroissial était, et est encore souvent, entre les mains d'un religieux ayant pour
demeure une cellule dans son monastère. = CURIA,
cure, presbytère.

Κεφαλοκλισία, ας, ἡ (de χεφαλή, tête, et χλίνω, *pen-*
cher). Inclination de tête que font les assistants pendant que le prêtre prononce une certaine prière ou
oraison.

Κηρίον, ου, τὸ (class. *rayon de miel, alvéole*). Cierge moins grand que celui qui est désigné par le mot λαμπάς. On l'appelle également χηρός. = CEREUS, *cierge*.

Κηρομαστίχη, ης, ἡ, ou **Κηρομάστιχον, ου, τὸ,** ou **Κηρομάστιχος, ου, ὁ** (de χηρός, *cire*, et μαστίχη, *mastic*). Mélange de cire, de mastic et de marbre pilé, auquel on a ajouté un peu de poussière de reliques. On l'emploie, lors de la consécration d'un autel, pour lier la table de celui-ci aux colonnes, χίονες, qui doivent la supporter. = COEMENTUM, *ciment*.

Κηρομάστιχον, ου, τὸ. Voy. κηρομαστίχη.

Κηρομάστιχος, ου, ὁ. Voy. κηραμαστίχη.

Κηροπήγιον, ου, τὸ (class. *chandelier*). Voy. διβάμβουλον.

Κηρός, οῦ, ὁ (class. *cire*). Petit cierge. On emploie de préférence le mot χηρίον.

Κηροστάτης, ου, ὁ (de χηρός, *cierge*, et ἵστημι, *mettre debout, dresser*). Ustensile qui sert à tenir et hausser un cierge. — CEREOSTATUM, CEROFERARIUM, CANDELABRUM, CANDELERIUM, *chandelier*.

Κῆρυξ, υκος, ὁ (class. *héraut, crieur public; tout homme qui annonce à haute voix*). Celui qui prêche, qui annonce en chaire la parole de Dieu. On dit aussi ἱεροκήρυξ. = PRAEDICATOR, *prédicateur*.

Κιβώριον, ου, τὸ (class. *fruit du nymphaea nelumbo*, le lotus sacré des Égyptiens; *coupe faite de ce fruit*). Dais ou couronnement en forme de dôme ou de conque renversée, fixé au-dessus de l'autel et soutenu par quatre colonnes de marbre ou de bois. = CIBORIUM, *baldaquin*.

Κιγκλῖδες, ων, αἱ (class. *double porte; grille, barreaux*). Clôture élevée qui sépare le sanctuaire du
reste de l'église. Elle était ainsi appelée autrefois,
lorsqu'elle se présentait sous la forme d'une grille,
c'est-à-dire d'un assemblage à claire-voie de barreaux
de fer ou de bois, qui isolait le sanctuaire sans empêcher complètement les regards d'y pénétrer. Mais,
depuis qu'elle est devenue une cloison solide de bois
ou de marbre, le nom de κιγκλίδες a cessé d'être exact;
il devrait être réservé pour désigner les deux petites
grilles dont se composent encore souvent les deux
battants de la Porte Sainte (Voy. θύρα). Plusieurs
autres noms sont donnés d'ailleurs à la clôture en
question. Voy. τέμπλον, καταπέτασμα, δρύφακτα, διάστυλα,
εἰκονοστάσιον. = CANCELLI, *cancel.*

Κινητός, ή, όν (class. *qui peut être remué, qui change
de place*). Κινητὴ ἑορτή, fête mobile. Voy. ἑορτή.

Κίων, ονος, ὁ (class. *colonne, pilier*). 1° Fût cylindrique supportant l'entablement sur lequel repose la voûte
qui recouvre une église. On emploie dans le même
sens les synonymes κολών ou κολώνα. = COLUMNA,
colonne. — 2° Petite colonne supportant la table de
l'autel. Chez les Grecs l'autel a toujours une forme
qui rappelle celle de la table de la Cène où l'Eucharistie fut instituée, c'est-à-dire qu'il est formé d'une
table de pierre quadrangulaire soutenue par quatre
pieds en forme de petites colonnes, ainsi que l'indique
son nom τράπεζα. Souvent cependant cette table ne
repose que sur une seule colonne, qu'on désigne quelquefois par le mot βωμός. = COLUMELLA, *petite colonne;*
STIPES, *base.*

Κληρικᾶτον, ου, τὸ (lat. CLERICATUS, *cléricature*).
Ce mot est quelquefois employé pour désigner une

fonction spéciale exercée par un clerc auprès d'un évêque ou d'un patriarche, et dans ce cas il est synonyme d'ὀφφίκιον.

Κληρικός, οῦ, ὁ (κληρικός, ἡ, όν, eccl. *qui concerne le clergé*). Membre du clergé, par opposition à λαϊκός, laïque. C'est par la cérémonie de la tonsure, κουρά, que se fait l'initiation à la cléricature. = CLERICUS, *clerc*.

Κλῆρος, ου, ὁ (class. *bulletin; sort; héritage; condition; collège de prêtres*). Le corps des clercs ou des ecclésiastiques. = CLERUS, *clergé*. — Il n'y a que cinq ordres actuellement chez les Grecs, deux mineurs et trois majeurs. Les premiers sont ceux du lecteur, ἀναγνώστης, ou du chantre, ψάλτης, et du sous-diacre, ὑποδιάκονος; les seconds sont ceux du diacre, διάκονος, du prêtre, ἱερεύς, et de l'évêque ἐπίσκοπος. Le clergé supérieur comprend l'évêque, ἐπίσκοπος ou ἀρχιερεύς, l'archevêque, ἀρχιεπίσκοπος, le métropolitain, μητροπολίτης, le patriarche, πατριάρχης, l'ecclésiastique revêtu d'une dignité, ἀξίωμα, par exemple l'archimandrite, ἀρχιμανδρίτης, l'abbé, ἡγούμενος, etc. Une autre classe d'ecclésiastiques comprend tous ceux qui remplissent des fonctions spéciales, ὀφφίκια, auprès des évêques et des patriarches, et que pour cela on appelle ὀφφικιάλοι, tels que le logothète, λογοθέτης, le syncelle, σύγκελλος, etc.

Κλῖμαξ, ακος, ἡ (class. *échelle, escalier*). Titre d'un livre écrit par Jean du Mont Sinaï, dans lequel on fait des lectures à certains offices durant le Carême.

Κλίτος, ους, τὸ (class. *penchant, colline; côté du ciel, région*). Côté, bas-côté. Le vaisseau d'une église est souvent divisé par une double rangée de colonnes en trois parties parallèles, appelées régions, κλίτη. Celle du centre, qui est la plus large, est la nef pro-

prement dite, ναός, ou la nef principale, κυρία ναός ;
celle de gauche est la région ou le bas-côté du nord,
βόρειον κλίτος, et celle de droite est la région ou le bas-
côté du sud, νότιον κλίτος ; car le grand axe d'une église
grecque est toujours dirigé de l'ouest à l'est, et c'est
à l'extrémité qui regarde l'orient que le sanctuaire est
situé. Il est à remarquer que si par côté droit d'une
église, on entend habituellement celui que les assistants ont à leur droite, quand ils regardent le sanctuaire, et par côté gauche, celui qu'ils ont à leur
gauche, il est cependant admis que la droite et la
gauche de l'autel sont à l'inverse de la droite et de la
gauche du célébrant. On trouve souvent dans les rubriques le mot μέρος,, côté, employé à la place de κλίτος.

Κόγχη, ης, ἡ (class. *conque, coquillage*). On donne
ce nom à l'espace enveloppé par le mur qui termine
le sanctuaire, ἱερατεῖον, et par la voûte qui le surmonte,
lorsque le premier a la forme d'un demi-cylindre, et
la seconde celle d'un quart de sphère. C'est sous cette
voûte, que sa concavité fait ressembler à une conque
ou coquille, qu'est placé l'autel, ἁγία τράπεζα. Le terme
κόγχη est souvent remplacé, soit par le mot classique
ἀψίς, soit par le mot vulgaire ἀχηϐάδα. = CONCHA, ABSIS,
abside ; CAPITIUM, *chevet.*

Κοίμησις, εως, ἡ (class. *l'action de se coucher* ou
de s'endormir; sommeil; mort; eccl. *mort d'une
personne pieuse*). Ἡ Κοίμησις τῆς ὑπεραγίας Θεοτόκου,
le Sommeil, c'est-à-dire la Mort de la Sainte-Vierge,
dont on célèbre la fête le 15 août. = DORMITIO B. M. V.,
Dormition de la Vierge Marie ; ASSUMPTIO B. M. V.,
Assomption de la Sainte-Vierge. — Ἡ Κοίμησις τῆς
ἁγίας Ἄννης, Μήτρος τῆς Θεοτόκου, la Mort de Sainte
Anne, Mère de la Sainte-Vierge, fêtée le 25 juillet.

Κοιμητήριον, ου, τὸ (class. *lieu où l'on dort, dortoir*). Le lieu de repos où l'on enterre les morts. = COEMETERIUM, *cimetière*.

Κοινόβιον, ου, τὸ (κοινόβιος, ος, ον, class. *qui vit en société*). Établissement occupé par des moines en communauté. Dans les rubriques on emploie de préférence le mot μονή. = COENOBIUM, MONASTERIUM, *monastère, couvent*.

Κοινωνία, ας, ἡ (class. *communauté, participation*). Réception du sacrement de l'Eucharistie. Le mot μετάληψις est également employé avec la même signification. = COMMUNIO, *communion*.

Κοινωνικόν, οῦ, τὸ. Voy. κοινωνικός.

Κοινωνικός, ή, όν (eccl. *relatif à la communion*). Τροπάριον κοινωνικόν, ou absolument κοινωνικόν, tropaire qui est chanté à la Messe pendant que le prêtre et le diacre communient.

Κόλβα, ων, τὰ. Voy. Κόλυβα.

Κόλβια, ων, τὰ. Voy. Κόλυβα.

Κόλλυβα, ων, τὰ. Voy. Κόλυβα.

Κόλυβα, Κόλλυβα, Κόλβα, Κόλβια, ων, τὰ (mot dont l'origine est incertaine). Gâteau composé de grains de froment bouillis, d'amandes, de pistaches, de raisins secs, etc., et qu'on entoure de morceaux de sucre, de confiture sèche et d'herbes odoriférantes. Un gâteau de cette sorte est offert pour les morts le samedi de la première semaine du Carême, et, après avoir été béni, il est distribué aux assistants. Un gâteau semblable est apporté à l'église par la famille d'un défunt, lorsqu'on célèbre un office pour ce dernier. Il est également béni, puis partagé entre les

personnes présentes. Or, comme chacun des assistants en recevant sa part, prononce ces paroles :
« μακαρία ἡ μνήμη τοῦ κεκοιμημένου, heureuse soit la
mémoire du défunt ! », on donne souvent dans la langue vulgaire le nom de μακαρία à ce repas funèbre.
C'est après les vêpres et après la messe que cette
cérémonie a lieu.

Κολυμβήθρα, ας, ἡ (class, *lieu pour nager, bassin,
piscine*). Voy. λουτήρ.

Κολών, ῶνος, ὁ. Voy. κολώνα.

Κολώνα, ης, ἡ, ou **Κολών, ῶνος, ὁ** (lat. COLUMNA,
colonne). Voy. κίων.

Κονδάκιον, ου, τὸ. Voy. κοντάκιον.

Κοντακάριον, ου, τὸ (de κοντάκιον, *sorte de tropaire*).
Livre liturgique contenant tous les κοντάκια qui se
chantent pendant l'année.

Κοντάκιον, ou moins correctement **Κονδάκιον, ου,
τὸ** (byz. *volume*, c'est-à-dire *parchemin roulé autour
d'un petit bâton*, nommé κοντός ou κόνταξ). Tropaire
qui contient en abrégé le sujet de la fête du jour, ce
qui explique l'origine de son nom (κοντός, ή, όν, byz.
court, bref), à moins que celui-ci n'ait été directe-
tement emprunté au volume qui renfermait les poèmes
liturgiques. Dans un canon, κανών, le κοντάκιον est
placé à la suite de la sixième ode, ᾠδή.

Κοντόν, οῦ, τὸ (byz. κοντός, ή, όν, *court, petit;*
κοντόν, οῦ, τὸ, *sorte de jaquette*). Vêtement porté par
tous les membres du clergé par-dessus l'ἀντερίον, et
plus court que ce dernier.

Κορῶνα, ης, ἡ (lat. CORONA, *couronne*). Voy. μίτρα.

Κοσμικός, οῦ, ὁ (class. *du monde*). 1º Tout homme
qui ne fait pas partie du clergé, par opposition à κλη-

ρικός, clerc. = LAICUS, *laïque*. — 2° Tout homme, laïque ou clerc, qui n'est pas engagé par des vœux dans une communauté religieuse, par opposition à μοναχός, moine. = SAECULARIS, *séculier*.

Κουβούκλης, ου, ὁ (lat. CUBICULARIUS, *valet de chambre, chambellan*). Officier ecclésiastique admis au service privé de l'évêque ou du patriarche. Quand le pontife va quelque pârt, il le précède et porte sa crosse. = CUBICULARIUS, ACOLYTHUS A BACULO.

Κουβίκλιον, ου, τὸ. Voy. Κουβούκλιον.

Κουβικούλιον, ου, τὸ. Voy. Κουβούκλιον.

Κουβούκλιον ou **Κουβικούλιον** ou **Κουβίκλιον, ου, τὸ** (lat. CUBICULUM, *chambre à coucher*). Ce mot qui dans la langue vulgaire signifie : *chambre voûtée, baldaquin*, désigne dans la langue ecclésiastique : — 1° à Jérusalem, l'édicule sacré de l'église du Saint-Sépulcre qui recouvre la chambre sépulcrale où se trouve le Tombeau du Christ ; — 2° une sorte de monument ou de chapelle ardente que l'on dresse dans chaque église le Vendredi-Saint et qui figure le véritable κουβούκλιον de Jérusalem. On y dépose à l'office des Vêpres l'ἐπιτάφιον qui représente le tombeau même de Notre-Seigneur. = REPOSITORIUM, *reposoir, tombeau, paradis*.

Κουκούλιον, ου, τὸ. Voy. κουκούλλιον.

Κουκούλλιον ou **Κουκούλιον, ου, τὸ** (lat. CUCULLUM, CUCULLA, *enveloppe, cape*). Vêtement de tête qui se rabat ou se rejette en arrière, à volonté. Il est porté par le religieux profès du deuxième degré, μεγαλόσχημος. Voy. ἀνάλαβος. = CUCULLUM, CUCULLA, CAPUTIUM, CAPUTIO, *capuce, capuchon*.

Κουρά, ᾶς, ἡ (class. *action de tondre, de raser*).

Cérémonie par laquelle l'évêque, introduisant un
homme dans l'état ecclésiastique, lui confère le premier
degré de la cléricature en lui coupant une partie des
cheveux. Cette cérémonie n'est plus chez les Grecs
qu'une simple préparation aux Ordres, car actuellement tous les membres de leur clergé portent et *doivent* porter de longs cheveux et une longue barbe. On
emploie quelquefois, au lieu de κουρά, le synonyme
ἐπικουρίς. = TONSURA, *tonsure*.

Κρεωφαγία, ας, ἡ (class. *action de manger de la
viande*). Usage de la viande comme aliment, et temps
pendant lequel il est autorisé.

Κυριακή, ῆς, ἡ (κυριακός, ή, όν, class. *du maître, qui
concerne le maître*), s. e. ἡμέρα, jour. Le jour consacré spécialement au Seigneur. = DIES DOMINICA,
DOMINICA, *dimanche*.

Κυριακός, ή, όν (class. *du maître, qui concerne le
maître*). Ἡ κυριακὴ προσευχή. — ORATIO DOMINICA,
l'oraison dominicale, le πάτερ ἡμῶν.

Κώδων, ωνος, ὁ. Voy. καμπάνα.

Κωδωνοστάσιον, ου, τὸ. Voy. καμπαναρειόν.

Λ

Λαβίς, ίδος, ἡ (class. *tenaille, pince*). Petite cuiller
d'or, d'argent ou de vermeil, dont le prêtre se sert
pour distribuer la sainte communion. Avec elle il retire
du calice une Sainte parcelle, μερίς, détrempée dans
le Précieux sang, et l'introduit dans la bouche du
fidèle qui se tient debout devant lui.

Λάζαρος, ου, ὁ. Lazare. Τὸ σάββατον τοῦ Λαζάρου, le samedi de Lazare, c'est-à-dire le samedi veille du dimanche des Rameaux, ainsi appelé parce que ce jour-là on lit à la Messe l'Évangile de S. Jean où la résurrection de Lazare est rapportée. = SABBATUM POST DOMINICAM PASSIONIS, *le samedi qui suit le dimanche de la Passion.*

Λαϊκός, οῦ, ὁ (λαϊκός, ή, όν, class. *du peuple*). Tout homme qui ne fait pas partie du clergé, par opposition à κληρικός, clerc. On le désigne également par le mot κοσμικός. = LAICUS, *laïque.*

Λαμπαδάριος, ου, ὁ (de λαμπάς, *cierge*). Officier ecclésiastique dont la fonction consistait à faire allumer les cierges et à distribuer aux membres du clergé ceux qu'ils devaient tenir à la main dans les processions. On appela particulièrement ainsi, à Constantinople, l'ecclésiastique qui était chargé de porter le cierge du patriarche, dont le trône était alors situé devant le sanctuaire, du côté gauche de l'église. Or, comme cet office était réservé habituellement au chef du deuxième chœur des chantres, ou chœur de gauche, parce que la place qu'il occupait était auprès du trône patriarcal, le nom de λαμπαδάριος est resté à ce personnage, et aujourd'hui encore il désigne spécialement le deuxième chantre, tandis que le chef du chœur de droite, ou premier chœur, porte le nom plus exact de πρωτοψάλτης, c'est-à-dire le premier chantre. Voy. πριμικήριος.

Λαμπαδοῦχος, ου, ὁ (de λαμπάς, *cierge*, et ἔχω *avoir*). Clerc dont l'office consiste à porter un cierge, λαμπάς, ou plutôt un chandelier, μανουάλιον. C'est généralement un lecteur, ἀναγνώστης. = CEROFERARIUS, *céroféraire.*

Λαμπάς. άδος, ἡ (class. *flambeau, torche, lampe*).
Cierge de grande taille. Voy. κηρίον. Se dit quelquefois au lieu de μανουάλιον. = CEREUS, *cierge*.

Λαός, οῦ, ὁ (class. *peuple*). L'ensemble des fidèles
réunis dans une église et assistant à un office. =
POPULUS, *peuple*.

Λειτουργία, ας, ἡ (class. *fonction publique*, de
λήϊτος, *public*, et ἔργον, *action, ouvrage*). 1º L'Église
grecque appelle de ce nom le Saint Sacrifice, c'est-à-
dire l'acte public, par excellence, qui intéresse tout
le peuple chrétien. Elle n'a, du reste, limité ainsi sa
signification qu'assez tard, et longtemps elle l'a employé pour désigner tout office religieux. Actuellement trois liturgies sont en usage dans l'Église grecque : 1º ἡ Θεῖα Λειτουργία τοῦ ἐν Ἁγίοις Πατρὸς ἡμῶν
Βασιλείου τοῦ Μεγάλου, *la divine liturgie de notre saint
Père Basile le Grand*, qui est célébrée dix fois par an,
c'est-à-dire les dimanches de Carême (excepté le
dimanche des Rameaux),le Jeudi-Saint, le Samedi-
Saint, la veille de Noël, la veille de l'Épiphanie, et le
jour de la fête de saint Basile (1er janvier) ; — 2º ἡ
Θεῖα Λειτουργία τῶν Προηγιασμένων, *la divine liturgie
des Présanctifiés*, appelée aussi quelquefois ἡ Θεῖα
Λειτουργία τοῦ ἐν Ἁγίοις Πατρὸς ἡμῶν Γρηγορίου τοῦ
Διαλόγου, *la divine liturgie de notre saint Père Grégoire le Dialogueur*, qui est célébrée pendant le
Carême, tous les jours, excepté les samedis, les
dimanches, et le 25 mars, jour de la fête de l'Annonciation de la Sainte-Vierge ; — 3º ἡ Θεῖα Λειτουργία τοῦ
ἐγ Ἁγίοις Πατρὸς ἡμῶν Ἰωάννου τοῦ χρυσοστόμου, *la divine
liturgie de notre saint Père Jean Chrysostome*, que
l'on célèbre tous les jours qui ne sont pas réservés
aux deux liturgies précédentes. = MISSA, *messe*. —

2° Αἱ θεῖαι Λειτουργίαι. *Les divines liturgies*, c'est-à-dire le livre qui contient les prières et les rubriques des trois liturgies. Le plus souvent ces prières et ces rubriques constituent la première partie de l'Eucologe, Εὐχολόγιον. = MISSALE, *missel.*

Λειτουργός, οῦ, ὁ (λειτουρός, ός, όν, class. *qui remplit une fonction publique*), s. e. ἱερεύς. Prêtre qui accomplit une cérémonie sacrée, particulièrement celui qui offre le Saint Sacrifice, λειτουργία. = CELEBRANS, *célébrant, officiant.*

Λείψανον, ου, τὸ (class. *reste, débris*). 1° Corps d'un défunt dont on fait les funérailles. = CADAVER, *corps;* DEFUNCTUS, *défunt.* — 2° Ce qui reste de Jésus-Christ, des saints et des martyrs, soit parties de leur corps ou leur corps entier, soit objets à leur usage, soit instruments de leur supplice. = RELIQUIAE, *reliques.* — 3° Partie plus ou moins ténue de la Sainte Hostie qui reste attachée à la patène. = FRAGMENTUM, *fragment.*

Λεκάνη, ης, ἡ (class. *plat, bassin*). Sorte de bassin dont il est fait usage dans certaines cérémonies, par exemple dans le lavage de l'autel le Jeudi-Saint.

Λιβανωτρίς, ίδος, ἡ (class. *vase dans lequel on brûle de l'encens*). Vase dans lequel on conserve l'encens et d'où on le prend pour le mettre dans l'encensoir. = NAVICULA, *navette*).

Λίβελλος, ου, ὁ (lat. LIBELLUS, *petit écrit, opuscule*). Voy. ὁμολογία.

Λιτανεία, ας, ἡ (class. *prière, supplication*), ou **Λιτή, ῆς, ἡ** (class. *supplication, prière*). Marche solennelle du clergé qui se fait à l'intérieur de l'église ou en dehors, en chantant des hymnes et des psaumes. Voy. εἴσοδος. = PROCESSIO, *procession*.

Λιτή, ῆς, ἡ. Voir λιτανεία.

Λογοθέτης, ου, ὁ (class. *contrôleur, vérificateur*). Logothète. On appelle ainsi un grand officier ecclésiastique qui a la garde du sceau du patriarche et la tenue des registres de sa chancellerie. = CANCELLARIUS, *chancelier*.

Λόγος, ου, ὁ (class. *parole, discours*). Discours prononcé dans une église pour annoncer et expliquer la parole de Dieu et pour exciter à la pratique de la vertu. Les mots ὁμιλία, διδαχή, διδασκαλία, sont employés avec une signification à peu près semblable. = SERMO, *sermon;* HOMILIA, *homélie;* PRONAUS, *prône; instruction religieuse.*

Λόγχη, ης, ἡ (class. *fer de lance, lance*). Petit couteau en forme de lance dont le prêtre se sert à l'autel de la prothèse, πρόθεσις, pour détacher du pain de l'offrande, προσφορά, la partie qui doit être consacrée.

Λουτήρ, ῆρος, ὁ (class. *baignoire*), ou **Λουτρόν, οῦ, τὸ** (class. *eau où l'on se baigne*), ou **Λουτρών, ῶνος, ὁ** (class. *lieu où l'on se baigne*). 1° Cuve en pierre de grande dimension dans laquelle le baptême est administré par immersion. On l'appelle également κολυμβήθρα, βαπτιστήριον, φωτιστήριον. = FONS BAPTISMALIS, *fonts baptismaux*, BAPTISTERIUM, *baptistère, cuve* ou *piscine baptismale.* — 2° Le lieu dans une église où est placée la cuve baptismale. Il se trouve ordinairement dans le narthex, νάρθηξ. = BAPTISTERIUM, *baptistère.* — Dans quelques églises qui ne possèdent pas de cuve baptismale fixe, on se sert, pour baptiser, d'une cuve mobile que l'on place momentanément dans le narthex, et que l'on transporte ensuite auprès du χωνευτήριον, pour y jeter l'eau qu'elle contient.

Λουτρόν, οὗ, τό. Voy. λουτήρ.

Λουτρών, ῶνος, ὁ. Voy. λουτήρ.

Λυχνέα, ας, ἡ (class. *lampe, flambeau*). Ustensile servant à tenir et à hausser un cierge. = CANDELA-BRUM, *chandelier.* — Voy. ἑπτάφωτος.

Λυχνικόν, οὗ, τό (class. λυχνικός, ή, όν, *qui concerne les lampes; qui a lieu lorsque brille la lumière des lampes*). Première partie de l'office des vêpres, ἑσπερινός, ainsi appelée parce qu'elle ne commence, le soir, que lorsque tous les cierges et toutes les lampes de l'église ont été allumés. = LUCERNARIUM, *lucernaire.*

M

Μακαρέα, ας, ἡ. Voy. κόλυβα.

Μακαρισμοί, ῶν, οἱ (μακαρισμός, class. *action de féliciter, de vanter le bonheur d'autrui*). Nom donné à ce passage de l'Évangile de S. Mathieu (V, 3-12), où Notre-Seigneur énumère les vertus fondamentales à la pratique desquelles est attaché le vrai bonheur. Voy. τυπικά. = BEATITUDINES, *béatitudes.*

Μανδείλιον, ου, τό. Voy. μανδήλιον.

Μανδήλη, ης, ἡ. Voy. μανδήλιον.

Μανδήλιον, Μανδείλιον, Μανδύλιον, Μαντή-λιον, Μαντέλιον, ου, τό, ou Μανδήλη, ης, ἡ

(lat. MANTILIUM, MANTELE, MANTILE, *essuie-main*).
Linge à l'aide duquel l'évêque essuie ses mains quand
il doit se les laver pendant une cérémonie, ou dont on
entoure chacun de ses bras, lorsqu'il se prépare à
consacrer une église, afin de protéger ses vêtements
sacrés. = MANUTERGIUM, *manuterge;* MANTILIUM,
serviette.

Μανδέας, ου, ὁ. Voy. μανδύας.

Μανδύας, Μανδέας, Μανδύης, ου, ὁ, ou Μανδύη,
ης, ἡ (class. *manteau militaire, casaque;* byz.
manteau impérial. Ce mot est d'origine persane.
Comparez l'hébr. דנ, *vêtement*). — 1° Sorte de manteau d'étoffe grossière porté par les moines. Voy.
μικρόσχημος. = CAPPA MONACHI, *manteau de reli-*
gieux. — 2° Grand manteau fait d'une étoffe précieuse
que portaient autrefois les empereurs d'Orient. Les
évêques l'ont adopté et le revêtent pour les cérémonies où ils doivent être plutôt assistants qu'officiants.
On y remarque de longues bandes d'une couleur dif-
férente, qu'on appelle ποταμοί. Les quatre angles de
ce manteau, qui est très ample, sont réunis deux à
deux à l'aide de deux agrafes, dont l'une est placée
en haut, près du cou, et l'autre en bas, près des pieds.
Enfin à chacun de ces quatre angles est cousu un
morceau d'étoffe carré et richement orné qu'on nomme
πόμα. =. CAPPA, *chape,* PLUVIALE, *pluvial.*

Μανδύη, ης, ἡ. Voy. μανδύας.

Μανδύης, ου, ὁ. Voy. μανδύας.

Μανδύλιον, ου, τὸ. Voy. μανδήλιον.

Μαντήλιον, ου, τὸ. Voy. μανδήλιον.

Μαντέλιον, ου, τὸ. Voy. μανδήλιον.

Μανουάλιον, ου, τό (du lat. MANUALIS, E, *que la main peut saisir, manuel, portatif*). Chandelier surmonté d'un cierge, λαμπάς, qu'un lecteur, ἀναγνώστης, porte pendant une cérémonie. = CANDELABRUM, CEROFERARIUM, CANDELERIUM, *chandelier*.

Μαργαρίτης, ου, ὁ (class. *perle*). Perle, c'est-à-dire chose excessivement précieuse. Ce nom est souvent donné à la Sainte parcelle ou hostie consacrée, qu'un fidèle reçoit dans la communion.

Μαρτυρικόν, οῦ, τό. Voy. μαρτυρικός.

Μαρτυρικός, ή, ον (eccl. *relatif à un martyr*). Τροπάριον μαρτυρικόν, ou absolument μαρτυρικόν, tropaire composé d'invocations ou de louanges adressées à un martyr.

Μαρτύριον, ου, τό (class. *témoignage, preuve*). Livre contenant le récit de la vie et de la mort d'un martyr. = ACTA MARTYRII, MARTYROLOGIUM, *actes du martyre de..., martyrologe*.

Μάρτυς, υρος, ὁ, ἡ (class. *témoin*). Celui, celle qui a souffert la mort pour soutenir la vérité de la religion chrétienne. = MARTYR, *martyr, martyre*. — Voy. ἀνώνυμοι.

Μέγα, άλου, τό (μέγας, άλη, α, class. *grand*). Κρούειν τὸ μέγα σήμαντρον, ou simplement τὸ μέγα, faire résonner le grand σήμαντρον (voy. ce mot).

Μεγαλομάρτυς, υρος, ὁ, ἡ (de μέγας, *grand*, et μάρτυς, *martyr*). Martyr célèbre. Cette épithète est jointe dans le calendrier aux noms de certains martyrs.

Μεγαλόσχημος, ου, ὁ (de μέγας, *grand*, et σχῆμα, *vêtement*). Celui qui porte le grand vêtement, c'est-

à-dire la capuce, κουκούλλιον. On appelle ainsi le religieux profès qui a été élevé au deuxième degré de
l'état monastique. Voy. μικρόσχημος.

Μεγαλυνάριον, ου, τό. Tropaire, τροπάριον, accompa-
gnant la neuvième ode des canons de certaines fêtes.
On l'appelle ainsi parce que dans le canon primitif qui
a servi de modèle à tous les autres, la neuvième ode
est le MAGNIFICAT (μεγαλύνει ἡ ψυχή μου, κτλ.), et aussi
parce qu'il commence souvent lui-même par ces paroles : μεγάλυνον, ψυχή μου.

Μεθέορτος, ος, ον. (class. *qui vient après une fête*).
Τά μεθέορτα, litt. les *après-fêtes*, c'est-à-dire un certain temps, d'une durée variable, pendant lequel une
fête de Notre-Seigneur ou de la Sainte-Vierge est
prorogée, et qui se termine par l'ἀπόδοσις de cette fête.
= DIES INFRA OCTAVAM, *jours de l'octave.* — Εὐαγγέλιον μεθέορτον, l'Évangile d'un jour appartenant aux
μεθέορτα d'une fête. Μεθέορτος ἡμέρα, jour postérieur à
une fête et pendant lequel on continue à solenniser
celle-ci.

Μελισμός, οῦ, ὁ (class. *déchirement, dépècement*).
Μελισμὸς τοῦ Ἁγίου Ἄρτου, action par laquelle le
prêtre rompt le Pain consacré en quatre fragments,
μερίδες, avant la communion. = FRACTIO HOSTIAE,
fraction de l'Hostie.

Μερίς, ίδος, ἡ (class. *partie, morceau, fraction*).
1° Parcelle que le prêtre détache, avant la messe, suivant un rite spécial, du pain appelé προσφορά, et qu'il
consacrera avec l'hostie principale. Le nombre des parcelles qui est fixé par les rubriques peut être augmenté
suivant la quantité des fidèles qui doivent communier. — 2° Fragment de la Sainte Hostie que le prêtre

a rompue en quatre parties avant la communion.
= HOSTIA, *hostie, petite hostie*; PARTICULA, *particule
parcelle.*

Μέρος, ους, τό (class. *partie*). Côté d'un eéglise, bas
côté. Voy. κλίτος.

Μεσονήστιμος, ή (de μέσος, *qui est au milieu*, et
νήστιμος, *relatif au jeûne*), s. e. ἑβδομάς. La semaine
qui partage en deux le temps pendant lequel on jeûne
avant la fête de Pâques. = *La Mi-Carême.*

Μεσονυκτικόν, οῦ, τό (μεσονυκτικός, ή, όν, class. *qui
appartient au milieu de la nuit, qui a lieu à minuit*).
Office du milieu de la nuit. Cette heure canoniale est
la troisième, si l'on tient compte de l'ordre chronologique de l'Office, ἀκολουθία, dont la durée est comprise
entre deux couchers de soleil, ordre d'après lequel les
deux premières heures sont Vêpres, Ἑσπερινός, et
Complies, Ἀπόδειπνον ; mais elle est la deuxième de
ces trois heures qui doivent leur origine à l'antique
vigile, la première étant Vêpres, et la troisième étant
Laudes, Ὄρθρος. Toutefois, elle est considérée comme
la première de l'Office, parce qu'elle se dit à minuit,
c'est-à-dire au moment où commence le jour civil, et
parce que c'est par elle que les moines, arrachés au
sommeil, inaugurent le service divin qui ne se ter-
minera qu'aux prochaines Complies. = MATUTINUM,
matines, NOCTURNUM, *nocturne.*

Μεσοπεντηκοστή, ῆς, ή (de μέσος, η, ον, *qui est au
milieu*, et Πεντηκοστή, *Pentecôte*). Ἡ Μεσοπεντηκοστή,
ou bien ή τετάρτη τῆς Μεσοπεντηκοστῆς, le quatrième
jour ou le mercredi de la quatrième semaine après
Pâques, lequel se trouve au milieu du Πεντηκοστάριον,
c'est-à-dire des cinquante jours compris entre les

fêtes de Pâques et de Pentecôte inclusivement. =
FERIA QUARTA INFRA HEBDOMADAM TERTIAM POST OCTA-
VAM PASCHÆ, *quatrième férie de la troisième se-
maine après l'octave de Pâques.*

Μεσώριον, ου, τὸ (de μέσος, *qui est au milieu,* et
ὥρα, *heure*). Heure canoniale supplémentaire qui doit
se dire après une des Petites Heures, Ὧραι, au milieu de l'intervalle qui la sépare de la suivante. Il y a
donc quatre Μεσώρια, celui de Prime, Μεσώριον τῆς
Πρώτης Ὧρας, celui de Tierce, Μεσώριον τῆς Τρίτης
Ὧρας, celui de Sexte, Μεσώριον τῆς Ἕκτης Ὧρας, et
celui de None, Μεσώριον τῆς Ἐννάτης Ὧρας. On ne les
dit que pendant la durée des deux jeûnes précédant,
l'un la solennité de Noël, et l'autre la fête des Apôtres
S. Pierre et S. Paul.

Μετάδοσις, εως, ἡ (class. *action de faire part*).
Action de donner la sainte communion à un fidèle.

Μετάθεσις, εως, ἡ (class. *déplacement, changement*).
Remise d'une fête à un autre jour. = TRANSLATIO,
translation.

Μετάληψις, εως, ἡ (class. *action de prendre, de
participer; participation*). L'acte principal par lequel
un chrétien participe aux Saints Mystères, c'est-à-dire
réception du sacrement de l'Eucharistie. Le mot
κοινώνια est employé avec la même signification. =
COMMUNIO, *communion.* — Ἀκολουθία τῆς μεταλήψεως,
office de la communion, c'est-à-dire ensemble de
prières dont les unes sont dites avant, et les autres
après la réception du sacrement de l'Eucharistie. Voy.
Εὐχαριστία. = *exercice pour la communion; prières
avant la communion, prières après la communion.*

Μεταμόρφωσις, εως, ἡ (class. *transformation*). Ἡ

Μεταμόρφωσις τοῦ Κυρίου ἡμῶν Ἰησοῦ Χριστοῦ, la Métamorphose de Notre-Seigneur Jésus-Christ, dont la fête est célébrée le 6 août. — TRANSFIGURATIO DOMINI, *Transfiguration de Notre-Seigneur*.

Μετάνοια, ας, ἡ (class. *repentir; pénitence*). 1° Sacrement institué par Jésus-Christ pour remettre les péchés après le baptême. = PŒNITENTIA, *pénitence*. — 2° Inclination ou prosternation faite en signe d'humilité et d'adoration. Elle est toujours accompagnée d'un signe de croix et d'une courte prière qui varie suivant les circonstances. — Μικρὰ μετάνοια, petite inclination. Pour la faire on s'incline profondément en portant la main droite jusqu'à terre. = *génuflexion à un genou*. — Μεγάλη μετάνοια, grande prosternation. Pour l'exécuter on ploie les genoux de façon à pouvoir poser les deux mains à terre, ou bien on s'agenouille et on baise le sol. = *Génuflexion à deux genoux*. — 3° Salut fait par un ecclésiastique au président du chœur. Voy. προσκύνημα.

Μετάστασις, εως, ἡ (class. *hangement de lieu; mort*). Ἡ Μετάστασις τοῦ ἁγίου Ἀποστόλου Ἰωάννου, le déplacement, c'est-à-dire la Mort, de l'Apôtre S. Jean (quittant la terre pour aller au ciel), dont l'anniversaire est célébré le 26 septembre.

Μετατώριον, ου, τό. Voy. μητατώριον.

Μηναῖον, ου, τό (μηναῖος, α, ον, class. *lunaire, mensuel*), s. e. βιβλίον. Livre liturgique contenant les offices des fêtes fixes qui tombent pendant l'un des douze mois de l'année. Naturellement il y a douze μηναῖα, chacun d'eux ayant comme sous-titre le nom du mois dont il donne les offices. Voy. μηνολόγιον.

Μηνολόγιον, ου, τό (de μήν, *mois*, et λέγω, *réunir*,

assembler). 1° Ménologe, c'est-à-dire tableau sur
lequel on inscrit les jours d'un mois et, en regard de
chacun d'eux, la fête ou la mémoire qui lui est propre.
Par extension on désigne par le même nom le tableau
qui contient la liste de tous les jours de l'année, et
par conséquent, de tous les offices fixes. Le μηνολόγιον
est donc le calendrier ecclésiastique par opposition
au καλανδάριον ou ἡμερολόγιον, qui est le calendrier ou
l'almanach civil. Il faut éviter de le confondre avec les
μηναῖα; car tandis qu'il ne présente qu'une simple
énumération des offices qui se disent pendant tout le
cours de l'année, les seconds donnent ces offices eux-
mêmes. = CALENDARIUM, *calendrier*. — 2° Résumé
plus ou moins bref des Vies des Saints fêtés pendant
l'année. Dans ce sens le mot μηνολόγιον est synonyme
de συναξάριον. = MARTYROLOGIUM, *martyrologe*.

Μητατώριον ou **Μετατώριον** ou **Μιτατώριον, ου,**
τὸ (lat. METATORIUS, *relatif à une habitation, à un
logement*). Ce mot, qui paraît avoir désigné primitivement un local voisin d'une cathédrale et d'un palais
épiscopal où les hôtes de passage étaient reçus, est
donné quelquefois par les rubriques comme synonyme du terme διακονικόν, pris dans le sens de sacristie.

Μήτηρ, τρός, ἡ (class. *mère*). Mère. Titre respectueux donné dans le calendrier à une sainte qui a fait
partie d'une communauté religieuse.

Μητρόπολις, εως, ἡ (class. *ville qui a fondé d'autres villes, capitale*). 1° Chef-lieu d'une province
ecclésiastique, avec siège archiépiscopal. = METRO-
POLIS, *métropole*. — 2° Église cathédrale d'un archevêque métropolitain. — ECCLESIA METROPOLITANA,
église métropole.

Μητροπολίτης, ου, ὁ (class. *habitant d'une métro-pole*). Archevêque dont le siège est dans une métropole et qui est à la tête d'une province ecclésiastique. = METROPOLITANUS, *métropolitain*.

Μητροπολιτικός, ή, ον (eccl. *qui concerne la métropole* ou *le métropolitain*). Μητροπολιτικὸς ναός. = ECCLESIA METROPOLITANA, *église métropolitaine*.

Μικρόν, ου, τὸ (μικρός, ά, όν, class. *petit*). Κρούειν τὸ μικρὸν σήμαντρον, ou simplement τὸ μικρόν, faire résonner le petit σήμαντρον (voy. ce mot).

Μικρόσχημος, ου, ὁ (de μικρός, *petit*, et σχῆμα, *vêtement*). Celui qui porte le petit vêtement, c'est-à-dire le μανδύας. On appelle ainsi le religieux, μοναχός, qui a cessé d'être novice, ἀρχάριος, pour devenir profès du premier degré. Voy. μεγαλόσχημος.

Μιτατώριον, ου, τὸ. Voy. μητατώριον.

Μίτρα, ας, ἡ (class. *bandeau servant de coiffure, diadème*). Coiffure solennelle, en forme de bonnet rond, ornée de broderies et de pierres précieuses, et surmontée d'une croix, que porte l'évêque dans les fonctions sacrées. On l'appelle également κορῶνα ou στέφανος. = MITRA, *mitre*.

Μνεία, ας, ἡ (class. *souvenir, mention*). Voy. μνήμη.

Μνήμη, ης, ἡ (class. *souvenir, mention*). 1° Mémoire. Dans son sens le plus large ce mot signifie tout acte du culte destiné à rappeler le souvenir d'un fait particulier ou d'une personne spéciale, et, dans ce cas, il a pour synonymes les termes μνεία et ἀνάμνησις. = COMMEMORATIO, *commémoration, commémoraison, mémoire.* — 2° Dans un sens un peu plus restreint il désigne la célébration du service divin en commémo-

ration de quelque mystère ou en l'honneur d'un saint.
Il s'applique donc à toutes les fêtes du Seigneur, de la
Sainte-Vierge et des saints, de sorte qu'il correspond
exactement au mot festum de la liturgie latine. Les
Grecs réservent le mot fête, ἑορτή (ou μνήμη ἑορταζο-
μένη), pour désigner les solennités qui correspondent
à peu près aux fêtes latines du rite double majeur ou
double de deuxième ou de première classe. Voy. ἑορτή.
— 3° Enfin on appelle également μνήμη une prière ou
un office que l'on dit en faveur soit de chrétiens
vivants, soit de fidèles défunts. Voy. μνημόσυνον.

Μνημόσυνον, ου, τὸ (class. *monument, souvenir*).
Service célébré pour un défunt. = missa pro
defunctis, *messe pour les morts;* officium defunctorum, *office des morts.*

Μνῆστρα, ων, τὰ (class. *fiançailles, mariage*). Cérémonie préparatoire au sacrement du mariage, dans
laquelle deux personnes promettent en face de l'Église
de se prendre pour mari et pour femme, ou immédiatement ou après un certain temps. Cette promesse
n'engage pas les fiancés d'une manière stricte, car ils
peuvent mutuellement dégager leur parole. A la place
du mot μνῆστρα, on emploie souvent le synonyme
ἀρραβών. = sponsalia, *fiançailles.*

Μονάζουσα, ης, ἡ (de μονάζω, *être seul*). Voy. μοναχή.

Μονάζων, οντος, ὁ (de μονάζω, *être seul*). Voy.
μοναχός.

Μοναστήριον, ου, τὸ (eccl. *monastère*). Édifice
habité par des moines. Voy. μονή.

Μοναστής, ου, ὁ (class. *qui vit seul*). Voy. μοναχός.

Μονάστρια, ας, ἡ (eccl. *religieuse*). Voy. μοναχή.

Μοναχή, ῆς, ἡ (μοναχός, ή, ον, class. *seul, solitaire*).
Femme vivant en communauté avec d'autres femmes
engagées comme elle par des vœux monastiques. On
dit dans le même sens μονάστρια et μονάζουσα. —
MONIALIS, RELIGIOSA, *religieuse*.

Μοναχός, οῦ, ὁ (μοναχός, ή, ον, class. *seul, solitaire*).
Homme qui s'est engagé par des vœux à suivre une
certaine règle autorisée par l'Église et qui vit en
communanté avec d'autres réguliers dans un monastère, μονή. On emploie dans le même sens les mots
μοναστής et μονάζων. Voy. ἀρχάριος, μικρόσχημος, μεγαλόσχημος. = MONACHUS, *moine, religieux*. — Tous
les religieux dans l'Église grecque appartiennent à
l'ordre de S. Basile; mais ils sont divisés en plusieurs
branches, chacune desquelles a son supérieur général.

Μονή, ῆς, ἡ (class. *l'action de s'arrêter, halte; séjour,
demeure*). Édifice habité par des moines, μοναχοί. Le
mot μονή est employé dans les rubriques de préférence
à μοναστήριον. = MONASTERIUM, *monastère*; ABBATIA,
abbaye; couvent.

Μοσχοσάπωνον, ου, τὸ (gr. mod. *savon parfumé*).
Voy. νίτρον.

Μοῦσα, ης, ἡ (lat. MUSCUS, all. MOS ou MOOS, provenç.
MOSSA, *mousse*; comparez le gr. class. μόσχος, *rejeton
des plantes, bouture*). 1° Éponge employée dans
une cérémonie. — 2° Particulièrement petite éponge
très fine dont le prêtre se sert pour réunir dans la
patène les parcelles du pain, pendant la préparation
de la matière du sacrifice à l'autel secondaire, πρόθεσις,
pour les pousser de la patène dans le calice, après la
consécration, et enfin pour purifier les vases sacrés
après la communion. On la désigne encore par le mot
σπόγγος, qui est le nom vulgaire de l'éponge. Hors le

temps de la messe elle est conservée avec beaucoup
de respect dans l'ἀντιμήνσιον soigneusement plié. =
PURIFICATORIUM, *purificatoire.*

Μουσική, ῆς, ἡ. Μουσικὴ ἐκκλησιαστική, musique ecclésiastique. La musique de l'Église grecque est, comme
le plain-chant de l'Église latine, fondée sur la valeur
des toniques et des dominantes, et, comme lui également, elle comprend huit modes (voy. ἦχος). Elle est
exclusivement mélodique et vocale, l'usage des instruments étant rigoureusement interdit dans les églises.
= CANTUS PLANUS, *plain-chant.*

Μυροδότης, ου, ὁ (de μύρον, *saint-chrême*, et δίδωμι,
donner). Officier ecclésiastique d'une cathédrale qui
a le saint-chrême sous sa garde et qui le distribue
suivant les ordres de l'évêque.

Μύρον, ου, τό (class. *parfum liquide*). Chrême, c'est-
à-dire la principale des huiles saintes, que l'évêque
consacre le Jeudi-Saint. C'est un mélange d'huile
d'olive et de baume auquel on ajoute plus de trente
autres substances odoriférantes. Quelquefois avant
qu'il n'ait reçu la consécration, on le nomme νάρδιον
ou νάρδος. = CHRISMA, *chrême.*

Μυροφόροι, ων, αἱ (μυροφόρος, ος, ον, class. *qui produit
des parfums*), s. e. γυναῖκες. Les trois saintes femmes qui
apportèrent des parfums au Saint-Sépulcre pour ense-
velir le corps de Notre-Seigneur. Ἡ κυριακὴ τῶν Μυρο-
φόρων, le troisième dimanche du πεντηκοστάριον, c'est-à-
dire de l'espace de cinquante jours compris entre les
fêtes de Pâques et de Pentecôte inclusivement. On
l'appelle ainsi parce que l'action généreuse de ces femmes est rapportée dans l'Évangile de la Messe et célébrée dans l'office du jour. = DOMINICA SECUNDA POST

PASCHA, *le deuxième dimanche après Pâques, le dimanche du Bon Pasteur*.

Μύρωμα, ατος, τὸ (class. *parfum liquide*). Onction faite avec le saint chrême, Ἅγιον Μύρον. On emploie dans le même sens le mot μύρωσις.

Μύρωσις, εως, ἡ (class. *action de parfumer*). Voy. μύρωμα.

Μυσταγωγία, ας, ἡ (class. *initiation*). Mystères sacrés. Ce mot est employé comme synonyme de Λειτουργία, *Messe*.

Μυστήριον, ου, τὸ (class. *mystère, cérémonie secrète, dogme incompréhensible*). 1° Signe sensible institué par Jésus-Christ pour sanctifier les hommes. == SACRAMENTUM, *sacrement*. — Les sept sacrements, τὰ ἑπτὰ μυστήρια, sont les suivants : τὸ Βάπτισμα, le baptême ; τὸ Χρίσμα, la Confirmation, ἡ Εὐχαριστία ou Κοινωνία, l'Eucharistie ; ἡ Μετάνοια, la Pénitence, ἡ Ἱερωσύνη, l'Ordre ; ὁ Γάμος, le Mariage ; τὸ Εὐχέλαιον, l'Extrême-onction. — 2° Τὰ Ἅγια Μυστήρια, les Saints Mystères ; τὰ Ἄχραντα Μυστήρια, les Mystères Purs, c'est-à-dire la Sainte-Eucharistie. Μεταλαμβάνειν τῶν Ἁγίων Μυστηρίων, recevoir la Sainte-Eucharistie, communier. == SANCTUM SACRAMENTUM, *le Saint-Sacrement*. — 3° Τὰ Ἅγια Μυστήρια. Par une extension qu'il est permis de regretter, les rubriques appellent quelquefois ainsi le pain et le vin qui sont apportés de la πρόθεσις à l'autel, mais qui ne sont pas encore consacrés.

N

Νᾶμα, ατος, τὸ (class. *courant d'eau, liquide quelconque*). Nom donné dans les rubriques de l'Ordinaire de la Messe, Λειτουργία, au vin que le diacre verse dans le calice et qui doit être consacré. Mais ce vin est également désigné par le mot vulgaire οἶνος. Il peut être blanc ou rouge ; toutefois l'usage du vin rouge est beaucoup plus répandu que celui du blanc. Dans le langage courant on emploie le mot ἄναμμα au lieu de νᾶμα.

Ναός, οὐ, ὁ (class. *temple*). 1° Partie centrale d'une église, comprise entre le narthex, νάρθηξ, et le sanctuaire, ἱερατεῖον. L'extrémité supérieure du ναός, c'est-à-dire celle où se tiennent les chantres et les membres du clergé, est appelée ordinairement χορός, chœur. = NAVIS, *nef.* — Lorsqu'une nef est triple, grâce à la présence d'une double rangée de colonnes, on donne généralement le nom de κλίτος ou μέρος à chacune des deux nefs qui forment les bas-côtés de l'église. — 2° Par extension, église tout entière. Dans ce sens ναός est synonyme d'ἐκκλησία. = TEMPLUM, *temple.*

Νάρδιον, οὐ, τὸ. Voy. νάρδος.

Νάρδος, οὐ, ὁ (class. *nard*), ou **Νάρδιον, οὐ, τὸ** (byz. même signification). Voy. μύρον.

Νάρθηξ, ηκος, ὁ (class. *férule*, sorte de plante ; *boîte faite avec des tiges de férules ; férule*, baguette dont se servaient les anciens pédagogues pour châtier les écoliers). Grand vestibule qui précède la nef, ναός,

d'une église et dans lequel s'accomplissent certaines
cérémonies. C'est là que se tenaient autrefois les catéchumènes pendant cette partie du Saint Sacrifice à
laquelle il ne leur était pas permis d'assister. On l'appelle encore πρόναος. = *narthex*.

Νεκρώσιμον, ου, τό. Voy. νεκρώσιμος.

Νεκρώσιμος, ος, ον (class. *mortel, qui donne la
mort ;* eccl. *relatif à la mort* ou *aux défunts*). Ἀκολουθία νεκρώσιμος, cérémonies qui ont lieu et prières
qui sont dites aux funérailles d'un chrétien. = EXSE-
QUIARUM ORDO, *office funèbre, sépulture des défunts*.
Voy. ἐξοδιαστικόν. — Τροπάριον νεκρώσιμον ou absolument
νεκρώσιμον, tropaire dans lequel on prie Dieu soit de
faire miséricorde aux défunts, soit d'aider les vivants
à faire une sainte mort.

Νεόνυμφος, ου, ὁ, ἡ (class. *personne récemment
mariée*). Celui ou celle à qui le sacrement de mariage
va être ou vient d'être conféré.

Νηστεία, ας, ἡ (class. *privation d'aliments*). Jeûne,
c'est-à-dire retranchement de nourriture que l'Église
impose aux fidèles pour qu'ils expient leurs péchés par
la mortification de la chair, et élèvent plus facilement
leur esprit vers Dieu, en l'affranchissant de la domi-
nation des sens. = JEJUNIUM, *jeûne*. — Ἡ Μεγάλη
Νηστεία ou αἱ Νηστεῖαι, le grand jeûne du Carême. Ἡ
πρώτη κυριακή τῶν Νηστειῶν. = DOMINICA PRIMA IN QUA-
DRAGESIMA, *le premier dimanche du Carême*. — Ἡ
δευτέρα κυριακή τῶν Νηστειῶν. = DOMINICA SECUNDA IN
QUADRAGESIMA, *le deuxième dimanche du Carême*. —
Ἡ τρίτη κυριακή τῶν Νηστειῶν. = DOMINICA TERTIA IN
QUADRAGESIMA, *le troisième dimanche du Carême*. —
Ἡ τετάρτη κυριακή τῶν Νηστειῶν. = DOMINICA QUARTA

IN QUADRAGESIMA, *le quatrième dimanche du Carême.*
— Ἡ πέμπτη κυριακὴ τῶν Νηστειῶν. = DOMINICA DE PAS-
SIONE, *le dimanche de la Passion.* — Ἡ νηστεία τῶν
Χριστουγέννων, le jeûne de quarante jours (quinze jours
pour les Grecs-Unis) qui précède la fête de Noël. —
Ἡ νηστεία τῶν ἁγίων Ἀποστόλων, le jeûne des Saints
Apôtres, lequel dure depuis le lendemain du dimanche
de Tous les Saints, τῶν Ἁγίων Πάντων, notre dimanche
de la Trinité, jusqu'à la veille de la fête de S. Pierre
et de S. Paul (29 juin). — Ἡ νηστεία τῆς Θεοτόκου, le
jeûne de la Mère de Dieu, qui dure pendant les qua-
torze jours précédant la fête de l'Assomption (15 août).
— Ἡ νηστεία τοῦ τιμίου Σταυροῦ, le jeûne de la Précieuse
Croix, que l'on observe principalement dans les monastères avant la fête de l'Exaltation de la Sainte-Croix
(14 septembre).

Νιπτήρ, ῆρος, ὁ (class. *vase à laver les pieds* ou *les
mains).* Cérémonie propre au Jeudi-Saint, dans laquelle
un évêque lave les pieds à douze ecclésiastiques, en
mémoire de la grande leçon d'humilité qui fut donnée
par le Sauveur lorsque, la veille de sa mort, il lava
les pieds de ses Apôtres. = MANDATUM; *cène, lavement des pieds.*

Νίτρον, ου, τό (class. *nitre* ou plutôt *natron, sorte
de soude*). Natron. L'évêque se sert de cette sub-
stance ou bien d'une sorte de savon parfumé, μοσχοσάπωνον, pour laver la table d'un autel qu'il consacre.

Νομοδότης, ου, ὁ. Voy. νουμοδότης.

Νοτάριος, ου, ὁ (lat. *copiste, scribe*). Commis aux
écritures placé sous les ordres d'un secrétaire ou d'un
autre officier ecclésiastique d'une cathédrale. C'est
ordinairement un jeune lecteur, ἀναγνώστης.

Νότιος, ος, ον (class. *méridional, du sud*). Voy.
χλίτος, θύρα.

Νουμοδότης ou **Νομοδότης, ου, ὁ** (du lat. NUMUS,
pièce de monnaie et du gr. δότης, *celui qui donne*).
Officier ecclésiastique d'une cathédrale qui est chargé
de distribuer les aumônes aux pauvres. = ELEEMOSY-
NARIUS, *aumônier*.

Νύμφη, ης, ἡ (class. *nouvelle mariée*). La femme qui
est conjointe par le sacrement de mariage. = SPONSA,
épouse.

Νυμφίος, ου, ὁ (class. *celui qui se marie*). 1° L'homme qui est conjoint par le sacrement du mariage,
γάμος. = SPONSUS, *époux*. — 2° Tropaire commençant par ces mots : Ἰδοὺ ὁ Νυμφίος ἔρχεται, que l'on
chante solennellement le jour de la fête de l'Annonciation, Εὐαγγελισμός. Ἀκολουθία τοῦ Νυμφίου, office pendant lequel on chante ce tropaire.

Ξ

Ξέστης, ου, ὁ. Voy. χερνιβόξεστον.

Ξηροφαγία, ας, ἡ (class. *nourriture composée d'aliments secs*). Abstinence qui consiste à ne se nourrir
que de pain, de certaines herbes, de sel et d'eau. Elle
dure du lundi au jeudi de la Semaine Sainte.

O

Οἰκονόμος, ου, ὁ (class. *intendant, régisseur*). Le premier des grands officiers ecclésiastiques. Il est chargé d'administrer les biens et les revenus d'un évêché. Celui qui remplit cette fonction auprès d'un patriarche, s'appelle Μέγας οἰκονόμος. = ŒCONOMUS, *économe*.

Οἶκος, ου, ὁ (class. *maison*). Sorte de tropaire appartenant à un χανών. Il est placé après la sixième ᾠδή, à la suite du χοντάχιον; mais il s'en faut de beaucoup que tous les χανόνες en aient un. Les auteurs ne s'entendent pas sur les motifs qui l'ont fait appeler οἶκος. Comparez l'italien *stanza*. L'office de la Sainte-Vierge nommé ἀχάθιστος est composé principalement de vingt-quatre οἶκοι, divisés en quatre groupes.

Οἰνάνθη, ης, ἡ (class. *fleur de la vigne*). Vin aromatisé dont il est fait usage dans certaines cérémonies.

Οἶνος, ου, ὁ (class. *vin*). Le vin que le prêtre consacre à la Messe. Voy. νᾶμα.

Ὀκτάηχος, ου, ἡ. Voy. παρακλητική.

Ὀκτώηχος, ου, ἡ. Voy. παρακλητική.

Ὁμιλέα, ας, ἡ (class. *conversation, entretien*). Voy. λόγος.

Ὁμολογητής, ου, ὁ (class. *celui qui convient, qui avoue*). Celui qui, durant une persécution, a subi des tourments pour avoir confessé le nom de Jésus-Christ, mais sans en mourir. = CONFESSOR, *confesseur*.

'Ὁμολογία, ας, ἡ (class. *accord, consentement, pacte*). Profession de foi, particulièrement celle que fait un évêque lors de sa consécration. = JURAMEN-TUM. — Le texte écrit de cette profession de foi est appelé quelquefois λίϐελλος πίστεως ou simplement λίϐελλος.

'Ὀπισθάμϐωνος, ος, ον (de ὄπισθεν, *derrière*, et ἄμϐων, *chaire*). Εὐχὴ ὀπισθάμϐωνος, oraison dite derrière la chaire, c'est-à-dire, oraison finale qui est en quelque sorte l'épilogue des prières de la Messe, et que le prêtre vient prononcer dans le chœur, en avant de la Porte Sainte. Autrefois, lorsque le prêtre venait se placer ainsi pour la réciter, il se trouvait derrière la chaire, ἄμϐων, laquelle se dressait alors dans le chœur, au pied de la σολέα. Cette particularité explique l'origine du mot ὀπισθάμϐωνος.

'Ὀρθοδοξία, ας, ἡ (class. *croyance juste;* eccl. *croyance conforme aux doctrines de l'Église*). Ἡ κυριακὴ ou ἡ ἑορτὴ τῆς Ὀρθοδοξίας, le dimanche ou la fête de l'Orthodoxie. Cette fête, qui est célébrée le premier dimanche du Carême, a pour but de rappeler la victoire que l'Église a remportée sur les hérésies, particulièrement sur celle des Iconoclastes.

Ὄρθρος, ου, ὁ (class. *le point du jour, l'aurore*). Heure canoniale qui se dit immédiatement avant le lever du soleil. Elle est la quatrième, si l'on tient compte de l'ordre chronologique de l'Office, dont la durée est comprise entre deux couchers de soleil, ordre d'après lequel les trois premières heures sont Vêpres, Ἑσπερινός, Complies, Ἀπόδειπνον, et Matines, Μεσονυκτικόν; mais elle est la dernière de ces trois heures qui doivent leur origine à l'antique vigile, la première étant celle de Vêpres et la deuxième celle de

Matines. Toutefois dans la pratique elle est considérée comme la deuxième de l'Office. Voy. μεσονυκτικόν.
= LAUDES (MATUTINÆ), *laudes (matinales)*. — La
dernière partie de l'"Ορθρος s'appelle Αἶνοι, LAUDES,
Laudes, parce qu'on y récite les psaumes 148 et 150
dans lesquels revient souvent le mot αἰνεῖτε, *louez*.

'Ορκιώλιον, ου, τὸ (lat. URCEOLUS, *petit vase en
terre*). Voy. θερμάριον.

'Ορφανοτρόφος, ου, ὁ (class. *celui qui élève des
orphelins*). Officier ecclésiastique sous la direction
duquel sont placés les orphelinats d'un diocèse ou d'un
patriarchat.

'Οσιομάρτυς, υρος, ὁ, ἡ (de ὅσιος, *vertueux*, épithète appliquée aux saints Moines, et μάρτυς, *martyr*).
Expression par laquelle on désigne un moine qui a
subi le martyre. Voy. ὅσιος, ἀνώνυμοι.

"Οσιος, ου, ὁ; 'Οσία, ας, ἡ (ὅσιος, α, ον, class. *pieux,
vertueux*). Saint, sainte ayant appartenu à une congrégation religieuse. Voy. ἀνώνυμοι.

'Οστιάριος, ου, ὁ (lat. OSTIARIUS, *celui qui garde
une porte*). Officier ecclésiastique préposé à la garde
des portes d'une église, d'un monastère ou d'un palais
épiscopal. = OSTIARIUS, *portier*.

'Οφφικιάλιος, ου, ὁ. Voy. ὀφφικιάλος.

'Οφφικιάλος ou **'Οφφικιάλιος, ου, ὁ** (lat. OFFI-
CIALIS, *ministre, appariteur, serviteur*). Ecclésiastique chargé d'un office spécial, ὀφφίκιον, auprès d'un
évêque ou d'un patriarche. = OFFICIALIS, *officier*. —
Les officiers ecclésiastiques d'une église patriarchale
sont divisés en deux chœurs, celui de droite, χορὸς ὁ
δεξιός, et celui de gauche, χορὸς ὁ εὐώνυμος. Ceux d'entre
eux, au nombre de quinze, qui forment le chœur de

droite, sont répartis en trois groupes composés chacun de cinq membres, πεντὰς πρώτη, δευτέρα, τρίτη.

Ὀφφίκιον, ου, τό (lat. OFFICIUM, *service*). Fonction spéciale exercée par un ecclésiastique auprès d'un évêque ou d'un patriarche. On emploie quelquefois dans le même sens le mot κληρικᾶτον. = OFFICIUM, *office*.

Π

Παγκάριον, ου, τό (lat. BANCUS, anc. haut all. BANK et PANK, ital. PANCA, *banc*). Long siège à dossier, réservé aux fabriciens d'une église. = *Banc d'œuvre.*

Παλλέον, ου, τό (lat. PALLIUM, *sorte de manteau*). On appelle ainsi quelquefois le manteau des religieux, μανδύας.

Παναγία, ας, ἡ (πανάγιος, α, ον, class. *très saint*). 1° Ἡ Παναγία Θεοτόκος, ou absolument ἡ Παναγία, titre donné communément à la Mère de Dieu. = SANCTISSIMA VIRGO, *la Très Sainte-Vierge.* — 2° En se levant de table, après le repas du matin, et pendant les prières dont se compose la BENEDICTIO MENSAE des Grecs, les religieux d'un monastère se partagent un pain de forme triangulaire que l'un d'entre eux a élevé dans ses mains en invoquant d'abord la Sainte Trinité, puis la Sainte-Vierge, Παναγία Θεοτόκος. Ce pain, à cause de cette dernière invocation, est appelé lui-même παναγία, et l'élévation qui en est faite se nomme ὕψωσις τῆς παναγίας. Enfin une sorte de vase, orné des images de Notre-Seigneur et de la Sainte-Vierge Marie, qui sert à le contenir, est désigné par le mot παναγιάριον.

Παναγιάριον, ου, τὸ. Voy. παναγία.

Πανήγυρις, εως, ἡ (class. *réunion générale, jour de fête*). Jour de fête solennelle. = FESTIVITAS, *festivité;* SOLENNITAS, *solennité.*

Παννυχίς, ίδος, ἡ (class. *nuit entière passée à célébrer une fête*). Voy. ἀγρυπνία.

Πάπας ou **Πάππας, ου** ou **α, ὁ** (class. *papa, père*). Père, titre donné aux évêques en général, mais particulièrement au Souverain Pontife, chef de l'Église. = PAPA, *Pape, le Saint-Père.*

Παπᾶς ou **Παππᾶς, ᾶ, ὁ** (de πάπας ou πάππας, *papa, père*). Papas, c'est-à-dire Père, titre donné habituellement aux prêtres (nous disons Pope, quand il s'agit de prêtres de nationalité russe). = PATER, *Père.*

Πάππας, ου ou **α, ὁ.** Voy. πάπας.

Παππᾶς, ᾶ, ὁ. Voy. παπᾶς.

Παραθρόνιον, ου, τὸ, ou **Παράθρονος, ου, ὁ** (de παρά, *auprès de*, et θρόνος, *trône*). Littéralement siège placé près du trône. On appelle ainsi un siège plus bas et moins orné que le trône épiscopal, θρόνος, auprès duquel il est placé, dans la partie droite du chœur de l'église. Le patriarche ou l'évêque y prend place dans les cérémonies où il n'officie pas pontificalement. A Constantinople ce siège est connu sous le nom de γεδέκιον, qui est d'origine turque. = FALDISTORIUM, *faldistoire.*

Παράθρονος, ου, ὁ. Voy. παραθρόνιον.

Παράκλησις, εως, ἡ (class. *appel, invitation;* eccl. *prière, supplication, consolation*). 1° Prière faite avec instance. Ψάλλεται ἡ Παράκλησις, on chante la suppli-

cation, c'est-à-dire le παρακλητικὸς κανών. — 2° Soulagement accordé à l'occasion de certaines fêtes, à des
personnes qui jeûnent. Παράκλησις δι'ἰχθύος, autorisation de manger du poisson, donnée en vue de récon-
forter, littéralement : soulagement à l'aide de poisson.
Παράκλησις εἰς πάντα, permission de manger toute sorte
d'aliments. Voy. κατάλυσις.

Παρακλητική, ῆς, ἡ. Voy. παρακλητικός.

Παρακλητικός, ή, όν (class. *propre à exhorter* ou
à consoler; eccl. *de suppliant, supplicatoire*). Κανὼν
παρακλητικός, canon dont chaque tropaire contient une
supplication. Voy. ἱκετήριος. — Παρακλητικὸς κανὼν εἰς
τὴν Θεοτόκον, canon dans lequel on fait appel à la
Mère de Dieu. On nomme ainsi un office de la Sainte-
Vierge composé d'un κανών de neuf odes, d'un évangile, d'oraisons, etc., que l'on chante principalement
lorsqu'on est soumis à quelque épreuve pénible.
— Ἡ Παρακλητική, s. e. βίβλος. Livre liturgique
qui contient le propre du temps des offices de Vêpres,
Ἑσπερινός, de Matines, Μεσονυκτικόν, de Laudes, Ὄρθρος, et de la Messe, Λειτουργία, pour tous les jours
de l'année. Il est divisé en huit parties ou périodes,
dont chacune renferme les offices d'une semaine
complète, et se chante sur l'un des huit modes,
ἦχοι. Ces huit séries d'offices se succèdent régulière-
ment : quand celle du dernier mode est terminée, on
reprend celle du premier, et ainsi de suite pendant
toute l'année. Chaque jour l'office qui doit être pris
dans ce livre, suivant les règles données dans le τυπικόν, se combine soit avec celui d'une fête fixe, lequel
est fourni par le μηναῖον, soit avec celui d'une fête
mobile, si l'on se trouve dans le temps du τριῴδιον ou
du πεντηκοστάριον.

Le Παρακλητική est également appelé Ὀκτώηχος ou Ὀκτάηχος, s. e. βίϐλος, c'est-à-dire le Livre des huit modes. Dans ce cas on le distingue ordinairement par l'épithète ἡ μεγάλη de son abrégé l'Ὀκτώηχος, qui ne contient que les huit offices propres aux dimanches et dont chacun se chante dans un mode différent.

Παράλυτος, ου, ὁ. Le Paralytique. Ἡ κυριακὴ τοῦ Παραλύτου, le dimanche du Paralytique, le quatrième du πεντηκοστάριον, c'est-à-dire de l'espace de cinquante jours compris entre les fêtes de Pâques et de Pentecôte inclusivement. On l'appelle ainsi parce que l'Évangile de la Messe et les tropaires de l'office célèbrent le miracle de la piscine de Bethsaïda. = DOMINICA TERTIA POST PASCHA, *le troisième dimanche après Pâques;* PATROCINIUM S. JOSEPHI, *le Patronage de S. Joseph.*

Παραμανδύας, ου, ὁ (de παρά, *auprès de, en addition à,* et μανδύας, *habit de moine*). Vêtement que les religieux mettent par-dessus le μανδύας. Voy. ἀνάλαϐος.

Παραμονή, ῆς, ἡ (class. *assiduité, persévérance*). Le jour qui précède certaines grandes fêtes, ainsi appelé parce qu'au lieu de quitter l'église après les vêpres, on y reste pour dire l'office relatif à la fête du lendemain. = VIGILIA, *vigile.*

Παρασκευή, ῆς, ἡ (class. *préparatif;* eccl. *la veille du sabbat*). Le sixième jour de la semaine. = FERIA SEXTA, *sixième férie, vendredi.* — Ἡ Μεγάλη Παρασκευή, le grand Vendredi. = FERIA SEXTA IN PARASCEVE, *Vendredi Saint.*

Παρατραπέζιον, ου, τὸ (de παρά, *auprès de,* et τραπέζιον, *petite table*). Petit autel, en forme de table, situé près de l'autel du sacrifice, ἁγία τράπεζα, et sur lequel se fait la préparation du pain et du vin qui doivent être consacrés. On l'appelle plus souvent πρόθεσις.

Παρεκκλήσιον, ου, τὸ (de παρά, *auprès*, et ἐκκλήσια, *église*). Petit édifice consacré au culte dans le voisinage d'une église. = ORATORIUM, *oratoire;* CAPELLA, *chapelle.*

Παρθένος, ου, ἡ (class. *jeune fille*). Fille qui a vécu dans une continence parfaite. = VIRGO, *vierge.* — Voy. ἀνώνυμοι.

Πάσχα, τὸ (hébr. פסח, *agneau pascal*, plur. פסחים, *la solennité de la Pâque;* aram. פסחא, *la fête de la Pâque*). Fête annuelle en l'honneur de la Résurrection de Notre-Seigneur Jésus-Christ, que les chrétiens célèbrent le premier dimanche après la pleine lune qui suit l'équinoxe du printemps, fixé au 21 mars, 6 heures du matin, par le concile tenu à Nicée en 325. Pâques ne peut être, d'après cela, ni plus tôt que le 22 mars ni plus tard que le 25 avril. = PASCHA RESURRECTIONIS, *Pâques.* — Λατίνων Πάσχα, Pâques des Latins, c'est-à-dire la fête de Pâques dont la date est fixée d'après le calendrier grégorien en usage dans l'Église latine, par opposition à la solennité pascale des Grecs dissidents, laquelle étant déterminée par le calendrier julien, est célébrée douze jours plus tard. — Νομικὸν Πάσχα ou Φάσκα, la Pâque légale, c'est-à-dire juive, qui est célébrée le quatorzième jour de la lune de mars. — On appelle quelquefois Πάσχα, ou μικρὸν Πάσχα, la fête de la Nativité de Notre-Seigneur. Voy. γέννησις.

Πασχάλια, ων, τὰ (πασχάλιος, ος, ον, class. *pascal*), s. e. κανόνια. Règles pascales, c'est-à-dire table, dans laquelle est indiqué pour un certain nombre d'années le jour où tombe la fête de Pâques, ou bien encore, table indiquant à quelle date tombe chaque fête mobile, suivant le jour de l'année où la fête de Pâques est célé-lébrée. = TABELLA TEMPORARIA FESTORUM MOBILIUM, *table du temps et des fêtes mobiles.*

Πατερήσσα, ης, ἡ. Voy. πατερίτσα.

Πατερίζα, ης, ἡ. Voy. πατερίτσα.

Πατερίτζα, ης, ἡ. Voy. πατερίτσα.

Πατερίτσα, Πατερίτζα, Πατερίζα, Πατερήσσα, ης, ἡ (gr. mod. *béquille, canne sur laquelle on s'appuie*). Nom donné dans la langue vulgaire et même dans les rubriques à la crosse de l'évêque, ῥάβδος.

Πατήρ, τρός, ὁ (class. *père*). 1° Nom donné aux saints docteurs des premiers siècles de l'Église. Ἡ κυριακὴ τῶν Ἁγίων Πατέρων, *le dimanche des Saints Pères*, le septième du πεντηκοστάριον, c'est-à-dire de l'espace de cinquante jours compris entre les fêtes de Pâques et de Pentecôte inclusivement. Il est ainsi appelé parce qu'il est consacré à la mémoire des trois cent dix-huit Pères du premier concile de Nicée. = DOMI-NICA INFRA OCTAVAM ASCENSIONIS, *le dimanche dans l'Octave de l'Ascension.* — 2° Titre respectueux donné dans le calendrier, à certains saints, particu-lièrement à ceux qui ont été évêques ou moines.

Πατριαρχεία, ας, ἡ, ou **Πατριαρχία, ας, ἡ** (de πατριάρχης, *patriarche*). 1° Dignité de patriarche. = PATRIARCATUS, *patriarcat.* — 2° Étendue de pays soumise à la juridiction d'un patriarche. = PATRIAR-CHATUS, *patriarcat.*

Πατριαρχεῖον, ου, τὸ (de πατριάρχης, *patriarche*).
Résidence d'un patriarche. = *Palais patriarcal.*

Πατριάρχης, ου, ὁ (class. *le premier auteur de la
famille*). Archevêque sous la juridiction duquel sont
placés tous les fidèles appartenant à un même rite,
ou bien tous les fidèles de même race et de même
langue. = PATRIARCHA, *patriarche.*

Πατριαρχία, ας, ἡ. Voy. πατριαρχεία.

Πατριαρχικός, ή, όν (de πατριάρχης, *patriarche*).
Qui concerne le patriarche, qui lui appartient. Στολὴ
πατριαρχική, vêtements patriarcaux. Voy. στολή. —
Τὰ πατριαρχικὰ δωμάτια, les appartements du patriarche. Voy. πατριαρχεῖον. — Ὁ πατριαρχικὸς ναός, l'église
patriarcale.

Πέμπτη, ης, ἡ (class. πέμπτος, η, ον, *cinquième*), s. e.
ἡμέρα. Le cinquième jour de la semaine. = FERIA
QUINTA, *cinquième férie, jeudi.* — Ἡ Μεγάλη Πέμπτη, le Grand Jeudi. = FERIA QUINTA IN CŒNA DOMINI,
Jeudi-Saint.

Πεντηκοστάριον, ου, τὸ (de Πεντηκοστή, *Pentecôte*,
littéralement *cinquantième jour*). 1° Livre liturgique
contenant le Propre du Temps pour les cinquante
jours qui s'étendent de Pâques à la Pentecôte, ainsi
que pour les sept jours qui suivent et constituent
l'octave de cette dernière fête, autrement dit pour
toute la période comprise entre Pâques et le premier
dimanche après la Pentecôte (fête de Tous les Saints)
inclusivement. — 2° Par extension, le temps dont les
offices propres sont contenus dans le πεντηκοστάριον,
c'est-à-dire toute la période de cinquante-sept jours
qui vient d'être mentionnée.

Πεντηκοστή, ῆς, ἡ (πεντηκοστός, ή, όν, class. *cinquantième*), s. e. ἡμέρα. Le huitième dimanche du πεντηκοστάριον, et le cinquantième jour après Pâques, celui où l'Église célèbre la descente du Saint-Esprit sur les Apôtres. = DOMINICA PENTECOSTES, *Pentecôte*.

Πεντηκοστός, οῦ, ὁ (πεντηκοστές, ή, όν, class. *cin quantième*), s. e. ψαλμός. Le psaume 50 : Ἐλέησον με ὁ Θεός, MISERERE MEI, DEUS.

Περίϐολος, ου, ὁ (class. *tour, circuit*). Espace clos qui entoure une église, et dont l'enceinte est formée par un mur ou par des bâtiments contenant les appartements du clergé, une école, une bibliothèque, etc.

Περιεισερχόμενος, ου, ὁ (de περί, *autour de*, et εἰσέρχομαι, *entrer*). Officier ecclésiastique dont la fonction consiste à préparer le feu qui doit servir à allumer les lampes, les cierges, les encensoirs, et à le porter partout où il est nécessaire.

Περικεφαλαία, ας, ἡ (class. *casque*). Grand bonnet qui sert de coiffure aux moines. Ce n'est pas autre chose que le καλυμαύχιον.

Περιοδευτής, οῦ, ὁ (class. *celui qui va d'un lieu dans un autre*). Officier ecclésiastique qui avait pour mission de parcourir le territoire d'un patriarcat et d'instruire, pour les préparer au baptême, les infidèles qui voulaient devenir chrétiens.

Περίπτωσις, εως, ἡ (class. *rencontre, conjoncture*). Cas ou circonstance occasionnant certaines modifications dans la manière de célébrer une fête mobile et variant suivant les jours où tombe cette fête.

Περιστερά, ᾶς, ἡ (class. *colombe*). Vase sacré, en

forme de colombe, dans lequel on conserve le Saint
Sacrement. Voy. ἀρτοφόριον.

Περιτομή, ῆς, ἡ (class. *circoncision*). Ἡ Χριστοῦ
περιτομή, dont la fête est célébrée le 1ᵉʳ janvier. =
CIRCUMCISIO DOMINI, *la Circoncision de Notre-Seigneur.*

Περιτραχήλιον, ου, τὸ (de περί, *autour de*, et τράχηλος, cou). Voy. ἐπιτραχήλιον.

Πεσσός ou **Πινσός** ou **Πηνσός, ου, ὁ** (class, πεσσός,
jeton, dé, pierre de forme cubique; lat. PINSO,
battre, tasser, piler). 1° Base d'un pilier; pilier qui
supporte une voûte, une coupole. — 2° Voûte, arche,
arcade. Dans ce sens ce mot est synonyme de καμάρα.

Πετραχήλιον, ου, τὸ (forme vulgaire et abrégée de
περιτραχήλιον). Voy. ἐπιτραχήλιον.

Πηνίον, ου, τὸ (class. *fil roulé sur le fuseau, fil de
tisserand*). Ce mot, qui ne se trouve que dans les rubriques d'un office du Jeudi-Saint, a exercé vainement
la sagacité des liturgistes. Tous sont obligés de
reconnaître qu'il désigne un cierge; mais comme ils
expliquent de manières différentes son sens primitif ou
même avouent ne pouvoir l'expliquer, ils ne s'entendent pas sur l'espèce de cierge qu'il représente. La signification du mot πηνίον paraît cependant bien simple :
il désigne le fil ou la mèche qui traverse tout flambeau
de cire et, par extension, ce flambeau lui-même, de
sorte que le cierge dont il est devenu le nom ne peut
être qu'un cierge ordinaire, κηρίον ou λαμπάς.

Πηνσός, οῦ, ὁ. Voy. πεσσός.

Πίναξ, ακος, ὁ (class. *tablette à écrire*). Livre contenant la liste des péchés que l'homme peut com-

mettre, et, en regard de chacun d'eux, la pénitence qui doit être imposée à celui qui avoue s'en être rendu coupable. = PŒNITENTIALE, *pénitentiel*. — Bien qu'il soit mentionné dans les rubriques, ce livre n'est plus en usage aujourd'hui.

Πινσός, ου, ὁ. Voy. πεσσός.

Πιττάκιον, ου, τὸ (class. *feuillet de tablettes à écrire*). 1° Feuille de parchemin ou de papier sur lequel on écrit un procès-verbal, par exemple l'acte de consécration d'un autel. — 2° Lettre patente du Pape. = BULLA, *bulle*. — 3° Écrit qu'un évêque adresse au clergé et aux fidèles de son diocèse pour leur donner des instructions ou des ordres. = MANDATUM, *mandement, lettre pastorale*.

Πλάγιος, α, ον (class. *oblique, qui n'est pas droit*). Πλαγία πύλη, porte qui est sur le côté. On désigne ainsi quelquefois soit la porte septentrionale de l'iconostase, βόρειος πύλη, soit la porte méridionale νότιος πύλη, parce qu'elles sont placées aux deux côtés de la porte sainte, ἁγία πύλη, et que pour s'y rendre du milieu du chœur ou du sanctuaire, il faut marcher obliquement par rapport à l'axe de l'église. Voy. θύρα.

Πνευματικός, οῦ, ὁ (πνευματικός, ή, όν, class. et eccl. *spirituel*). Πνευματικὸσ πατήρ ou absolument πνευματικός, père spirituel, c'est-à-dire ecclésiastique qui dirige la conscience d'une personne. = DIRECTOR, *directeur*.

Ποίημα, ατος, τὸ (class. *ouvrage, poème*). Ce mot est employé dans les rubriques pour désigner une composition poétique, un κανών, par exemple, lorsque le nom de l'hymnographe qui en est l'auteur est donné. Ποίημα Νικολάου, œuvre de Nicolas.

Ποιμαντικός ou **Ποιμαντορικός** ou **Ποιμενικός,** **ή, όν** (class. *qui concerne les bergers*). Ἡ ποιμαντικὴ ῥάβδος, le bâton du pasteur, c'est-à-dire la crosse épiscopale. = BACULUS PASTORALIS, *bâton pastoral.*

Ποιμαντορικός, ή, όν. Voy. ποιμαντικός.

Ποιμενικός, ή, όν. Voy. ποιμαντικός.

Πολυέλαιος, ου, ὁ (πολυέλαιος, ος, ον, class. *abondant en huile*). Sorte de lustre supportant plusieurs lampes alimentées à l'aide d'huile d'olive. Le terme πολυέλαιος, qui a pour synonyme πολυκάνδηλον, est souvent écrit par les Grecs πολυέλεος (Voy. ce mot), ce qui est évidemment une erreur.

Πολυέλεος, ου, ὁ (πολυέλεος, ος, ον, class. *très miséricordieux*), s. e. ψαλμός. 1° Le psaume 135, littéralement le psaume qui renferme un grand nombre de fois le mot ἔλεος. On l'appelle ainsi parce que ce mot est contenu dans chacun de ses versets. — 2° Les Grecs appellent à tort πολυέλεος une sorte de lustre qui supporte plusieurs lampes, et ils cherchent à justifier cette appellation en disant que ces lampes sont allumées pendant la récitation du psaume nommé πολυέλεος. En réalité, une similitude absolue de prononciation a fait confondre πολυέλεος avec πολυέλαιος, qui est le véritable nom du lustre en question.

Πολυκάνδηλον, ου, τὸ (de πολύς, *nombreux*, et κανδήλα, *lampe*). Réunion de plusieurs lampes placées sur un support unique. Voy. πολυέλαιος. = PHARUS CANTHARUS, *phare;* CORONA, *couronne de lumières; lustre.*

Πολυκήριον, ου, τὸ (de πολύς, *nombreux*, et κηρίον ou κηρός, *cierge*). Chandelier à plusieurs branches,

c'est-à-dire portant plusieurs cierges. = CANDELA-
BRUM, candélabre.

Πολυσταύριον, ου, τὸ (de πολύς, *nombreux* et σταυρός, *croix*). On désignait ainsi le φελώνιον, c'est-à-dire
la chasuble que portaient les simples évêques dans la
célébration des Saints Mystères, avant que le σάκκος
leur eût été concédé. Ce vêtement sacré était ainsi
appelé à cause des nombreuses croix dont il était
orné et par lesquelles il se distinguait du φελώνιον du
prêtre.

Πολυχρονισμός, οῦ, ὁ (de πολυχρονίζω, class. *durer
longtemps, souhaiter longue durée*). Courte formule
par laquelle on souhaite une longue vie à un patriarche ou à un évêque. Elle commence toujours par les
mots : πολυχρόνιον ποιῆσαι Κύριος ὁ Θεός, et se termine
par ceux-ci : εἰς πολλὰ ἔτη. On la chante ordinairement
les jours de grande fête, hors de l'église, pendant
qu'on accompagne à ses appartements le pontife qui
vient d'officier solennellement.

Πόμα, ατος, τὸ (class. *potion, breuvage, boisson*).
On appelle πόματα quatre morceaux d'étoffe richement
ornés, chacun desquels est cousu à l'un des quatre
angles du manteau épiscopal, μανδύας. Ils semblent
représenter les sources d'où s'échappent les ποταμοί
figurés sur ce manteau, lesquels sont l'image des flots
de la doctrine et de la grâce que les évêques répan-
dent sur l'humanité.

Ποταμός, οῦ, ὁ (class. *rivière, courant d'eau*). On
appelle ποταμοί de longues bandes ou rayures qui se
voient sur le manteau de l'évêque, μανδύας. Elles
paraissent rappeler ces paroles de Notre-Seigneur :
flumina de ventre ejus fluent aquæ vivæ (Jean, 7, 38).
Voy. πόμα.

Ποτήριον, ου, τὸ (class. *coupe, gobelet*). 1° Vase servant à contenir le vin qui doit être consacré pendant la célébration du Saint Sacrifice. = CALIX, *calice*. — 2° Coupe pleine de vin que le prêtre, pendant la cérémonie du couronnement, στεφάνωμα, c'est-à-dire du mariage, présente successivement à l'époux et à l'épouse.

Πραξαπόστολος, ου, ὁ (de πρᾶξις, *acte*, et ἀπόστολος, *épître*). Livre contenant les actes et les épîtres des Apôtres. Voy. ἀπόστολος.

Πρεσβυτέριον, ου, τὸ (class. *conseil des anciens du peuple*). 1° Le corps des prêtres. = SACERDOTIUM, *sacerdoce*. — 2° Ministère du prêtre, πρεσβύτερος. = SACERDOTIUM, *sacerdoce*.

Πρεσβύτερος, ου, ὁ (class. *ancien du peuple*). Prêtre qui n'est pas engagé par des vœux dans une communauté religieuse. Quelquefois prêtre marié. Voy. ἱερομόναχος, ἱερεύς. = PRESBYTER, SACERDOS SÆCULARIS, *prêtre séculier*.

Πριμικήριος, ου, ὁ (bas-lat. PRIMICERIUS, *ecclésiastique inscrit le premier sur la tablette de cire* qui contenait les noms des dignitaires d'une église). Ecclésiastique qui est chargé de diriger le chant et au-dessous duquel étaient placés les δομέστικοι et le πρωτοψάλτης. Les rubriques mentionnent encore ce personnage et appellent Μέγας Πριμικήριος celui d'une église patriarcale. Une de ses fonctions consiste à porter le bougeoir, διβάμβουλον, devant le patriarche. Voy. λαμπαδάριος. = PRIMICERIUS, *primicier*.

Πρόδρομος, ου, ὁ (class. *coureur qui précède*). Nom donné habituellement à S. Jean Baptiste parce qu'il a précédé Notre-Seigneur pour annoncer sa venue dans ce monde. — PRÆCURSOR, *précurseur*.

Προεόρτιος, ος, ον (class. *qui précède un jour de fête*). Τὰ προεόρτια, litt. les *avant-fêtes*, c'est-à-dire un certain temps, variant de un à cinq jours, qui précède les fêtes non mobiles de Notre-Seigneur et de la Sainte-Vierge, et pendant lequel ces fêtes sont annoncées par le chant de tropaires appelés eux-mêmes τροπάρια προεόρτια (κοντάκιον προεόρτιον, ἀπολυτίκιον προεόρτιον), c'est-à-dire tropairés *profestivals*. — Εὐαγγέλιον προεόρτιον, évangile qui se rapporte à une fête prochaine et qu'on lit pendant les προεόρτια de cette fête. — Προεόρτιος κανών, canon profestival.

Προεστώς, ῶτος, ὁ (class. *chef, président*). 1° Supérieur d'un monastère. Voy. ἡγούμενος. — 2° Le dignitaire ecclésiastique qui préside une cérémonie. On l'appelle aussi προϊστάμενος. = *Président de chœur.*

Προηγιασμένα, ων, τὰ (de προαγιάζω, *consacrer auparavant*), s. e. δῶρα. Éléments eucharistiques qui ont été consacrés antérieurement et qui sont consommés par le prêtre pendant ces jours de la période préparatoire à la fête de Pâques, où le Saint Sacrifice proprement dit ne peut être offert. La cérémonie pendant laquelle cette communion a lieu s'appelle λειτουργία τῶν Προηγιασμένων, messe des Présanctifiés. Quelquefois on la désigne simplement, mais incorrectement, par le mot Προηγιασμένη.

Προηγιασμένη, ης, ἡ (de προαγιάζω, *consacrer auparavant*), s. e. λειτουργία ou τελετή. Expression peu correcte désignant la cérémonie qui remplace la messe proprement dite, et pendant laquelle la communion a lieu à l'aide d'éléments eucharistiques qui ont été consacrés pendant la véritable messe précédente. Le nom exact de cette cérémonie est λειτουργία τῶν Προηγιασμένων.

Πρόθεσις, εως, ἡ (class. *action de présenter, proposition*). 1° Partie initiale du Saint Sacrifice, pendant laquelle le prêtre et le diacre préparent, suivant des rites spéciaux, le pain et le vin qui doivent être consacrés. On lui donne également le nom de προσκομιδή. — 2° Petit autel situé dans le sanctuaire, du côté nord, c'est-à-dire à gauche du véritable autel du sacrifice, ἁγία τράπεζα, et sur lequel se fait cette préparation du pain et du vin. On l'appelle aussi παρατραπέζιον et même quelquefois προσκομιδή. = CREDENTIA, *crédence*.

Προϊστάμενος, ου, ὁ (class. *celui qui est à la tête de*). 1° Ecclésiastique qui préside une cérémonie. Voy. προεστώς. — 2° Prêtre placé à la tête d'une paroisse. = PAROCHUS, *curé*.

Προκείμενον, ου, τὸ (προκείμενος, η, ον, class. *qui est placé devant*), s. e. δίστιχον. Verset tiré généralement des psaumes, qui se dit immédiatement avant la lecture d'une leçon extraite de l'Ancien ou du Nouveau Testament. Il est suivi lui-même d'un deuxième verset appelé proprement στίχος; mais quelquefois il est accompagné de plusieurs στίχοι. = GRADUALE, *graduel*. — Le προκείμενον qui se dit à la Messe avant l'Évangile est appelé ordinairement ἀλληλουϊάριον, parce qu'il est précédé du mot ἀλληλούϊα. Celui qui est récité avant la lecture de l'épître est nommé προκείμενον τοῦ Ἀποστόλου. Quant à celui qui se chante à Vêpres, après l'εἴσοδος, il est désigné par l'expression προκείμενον τῆς ἡμέρας ou ἑσπέρας προκείμενον. Mais si ce dernier se rapporte à la solennité célébrée le jour même où se disent les Vêpres, ce qui a lieu pour les fêtes du Seigneur, on l'appelle προκείμενον μέγα.

Πρόλογος, ου, ὁ (class. *prologue*). 1° Les premiers mots d'un tropaire qui a prêté à un autre tropaire, de composition plus récente, le rythme et l'air qui lui sont propres. Inscrits en tête de celui-ci, ils indiquent comment il doit être chanté. Ils répondent donc à notre formule : *sur l'air de*, suivie des premières paroles d'une poésie qui se chante sur un air connu. — 2° Ce mot est employé quelquefois dans le même sens que προκείμενον.

Πρόναος, ου, ὁ (class. *édifice servant d'entrée à un temple*). Grand vestibule qui précède la nef, ναός, d'une église. Voy. νάρθηξ.

Πρόξιμος, ου, ὁ (lat. PROXIMUS, *le plus proche*). Officier ecclésiastique d'une cathédrale, qui est chargé de faire annoncer par les signaux habituels que l'heure est arrivée où doit commencer une cérémonie.

Πρόοδος, ου, ἡ (class. *action de s'avancer*). Ἡ Πρόοδος τοῦ Σταυροῦ, la Procession de la Croix, fête célébrée le 1ᵉʳ août.

Προοιμιακός, ου, ὁ (προοιμιακός, ή, όν, class. *qui concerne l'exorde; qui sert de préambule*), s. e. ψαλμός. Le psaume 103, ainsi appelé parce qu'il se récite au commencement du lucernaire, λυχνικόν, qui est la première partie des Vêpres, ἑσπερινός, et qu'ainsi c'est par lui que débute l'office du jour ecclésiastique, ἀκολουθία.

Προπάτωρ, ορος, ὁ (class. *aïeul; οἱ προπάτορες, les ancêtres*). Οἱ ἅγιοι Προπάτορες, les saints Ancêtres suivant la chair de Notre-Seigneur, dont la fête est célébrée le 11 décembre, si c'est un dimanche, ou, sinon, le premier dimanche qui suit cette date.

Προσευχή, ῆς, ἡ (class. *prière, vœu, oraison*). Prière. Ce nom est quelquefois donné à l'un de ces chants d'actions de grâces, contenus dans l'Ancien Testament, qu'on désigne habituellement par le mot ᾠδή, cantique.

Προσευχητάριον, ου, τό (de προσευχή, *prière*). Livre à l'usage de la jeunesse chrétienne, contenant les prières les plus usuelles. = *Manuel de piété.*

Προσκομιδή, ῆς, ἡ (class. *action d'apporter*). 1° Préparation de la matière du sacrifice, c'est-à-dire du pain et du vin, faite par le prêtre et le diacre, suivant des rites spéciaux, immédiatement avant la Messe proprement dite. On l'appelle également πρόθεσις. — 2° Oblation des dons, c'est-à-dire du pain et du vin, que le prêtre fait au Seigneur avant la consécration. = OBLATIO, *oblation.* — Εὐχὴ τῆς προσκομιδῆς, l'oraison de l'oblation. = ORATIO SUPER OBLATA, SECRETA, *secrète.* — 3° Quelquefois, autel secondaire, sur lequel se fait la préparation du Saint Sacrifice. Voy. πρόθεσις.

Προσκύνημα, ατος, τό (class. *prosternation respectueuse*). Mouvement qui consiste à incliner la tête et les épaules quand on passe devant une croix, une sainte image, ou l'autel. Révérence par laquelle un ecclésiastique salue un supérieur, ses égaux ou le chœur. Dans ce dernier sens on emploie également les mots σχῆμα et μετάνοια. = INCLINATIO, *inclination, salut, révérence.* — Εἰκὼν τοῦ προσκυνήματος, l'image de la vénération ou du Saint que l'on vénère, c'est-à-dire dont on célèbre la fête. On l'appelle ainsi, parce que, placée en évidence, à l'entrée de l'église ou dans le chœur, elle est particulièrement vénérée par les fidèles, pendant qu'elle est ainsi exposée.

Προσόμοιον, ου, τὸ. Voy. προσόμοιος

Προσόμοιος, ος, ον (class. *semblable*). Τροπάριον προσόμοιον, ou simplement προσόμοιον, tropaire semblable à un-autre, c'est-à-dire composé suivant le même rythme et se chantant sur la même mélodie.

Προφήτης, ου, ὁ (class. *celui qui annonce des événements futurs*). Celui qui, chez les Hébreux, inspiré de Dieu, prédisait l'avenir. = PROPHETA, *prophète.* — Voy. ἀνώνυμοι.

Προσφορά, ᾶς, ἡ (class. *action d'offrir; ce qu'on offre, don*). 1º Ce que le peuple offre au prêtre pour la célébration de la Messe, c'est-à-dire les pains fermentés et le vin qui doivent fournir la matière du sacrifice. = OFFERENDA, OBLATIO POPULI, *offrande.* — Les pains de l'offrande sont ordinairement ronds et épais, et sont marqués d'une empreinte carrée sur leur face supérieure. Celle-ci est divisée par une croix grecque en quatre petits carrés portant, le premier, en haut et à gauche, les lettres I͞C ou I͞Σ; le deuxième, en haut et à droite, les lettres X͞C ou X͞Σ; le troisième, en bas et à gauche, la lettre N͞; et enfin le quatrième, en bas et à droite, la lettre K͞. Ces sigles sont l'abréviation de la formule IHCOYC XPIΣTOC NIKA, *Jésus-Christ est vainqueur.* — 2º Celui d'entre les pains offerts par le peuple qui doit être consacré par le prêtre. = HOSTIA, *hostie.* — Avant la Messe proprement dite, le prêtre détache de la προσφορά, à l'autel de la proposition, πρόθεσις, un certain nombre de fragments. Le principal de ces fragments, qui deviendra la Sainte Hostie, s'appellera Ἅγιος Ἄρτος, Pain Sacré, après la

consécration; les autres se nomment μερίδες, parcelles,
et serviront à la communion des fidèles. Le restant de
la προσφορά est découpé en petits morceaux qui doivent
constituer le pain bénit, ἀντίδωρον.

Προσφωνή, ῆς, ἡ ou **Προσφώνησις, εως, ἡ** (class.
action d'adresser la parole à quelqu'un, allocution).
Ἡ ἑβδομὰς τῆς Προσφωνῆς ou τῆς Προσφωνήσεως, la semaine de l'Annonce, ainsi appelée parce qu'elle précède le dimanche du Publicain et du Pharisien, τοῦ
Τελώνου καὶ τοῦ Φαρισαίου, dimanche où on annonce le
grand Carême et la fête de Pâques. = *La semaine
qui précède le dimanche de la Septuagésime.*

Προσφώνησις, εως, ἡ. Voy. προσφωνή.

Προχείρισις, εως, ἡ (byz. *élection, nomination à
un emploi*). 1° Nomination d'un ecclésiastique à un
office ou à une dignité. — 2° Installation par laquelle
un ecclésiastique est mis en possession d'un office ou
d'une dignité.

Πρωτέκδικος, ου, ὁ (de πρῶτος, *premier*, et ἔκδικος,
juge). Ecclésiastique qui préside un tribunal composé
d'un certain nombre de juges, ἔκδικοι, lequel est chargé
de juger les causes peu importantes en l'absence du
patriarche.

Πρωτόθρονος, ου, ὁ (de πρῶτος, *premier*; et θρόνος,
trône), s. e. ἀρχιερεύς. Pontife qui occupe le premier
siège. On appelle ainsi un archevêque qui, par d'anciens droits, a une sorte de supériorité sur les archevêques et évêques d'une certaine région. = PRIMAS,
primat.

Πρωτοιερεύς, έως, ὁ (de πρῶτος, *premier*, et ἱερεύς,
prêtre). Celui d'entre les prêtres attachés au service
d'une église qui a la prééminence sur les autres. On

l'apelle également πρωτοπρεσβύτερος et πρωτοπαπᾶς.
= ARCHIPRESBYTER, *archiprêtre;* PAROCHUS, *curé.*

Πρωτομάρτυς, υρος, ὁ, ἡ (de πρῶτος, *premier*, et
μάρτυς, *martyr*). Premier martyr. Ce nom est donné
dans le calendrier à saint Étienne et à sainte Thècle.

Πρωτονοτάριος, ου, ὁ (du gr. πρῶτος, *premier*, et
du lat. NOTARIUS, *scribe, copiste*). Officier ecclésiastique qui expédie les actes de la chancellerie patriarcale, les mandements, etc. = PROTONOTARIUS, *protonotaire.*

Πρωτοπαπᾶς, ᾶ, ὁ (de πρῶτος, *premier*, et παπᾶς,
père, titre donné aux prêtres). Voy. πρωτοιερεύς.

Πρωτοπρεσβύτερος, ου, ὁ (de πρῶτος, *premier*, et
πρεσβύτερος, *prêtre*). Voy. πρωτοιερεύς.

Πρωτοσυγκελλία, ας, ἡ. Bâtiment occupé par le
πρωτοσύγκελλος et attenant au palais patriarcal.

Πρωτοσύγκελλος, ου, ὁ. Voy. σύγκελλος.

Πρωτοψάλτης, ου, ὁ (de πρῶτος, *premier*, et ψάλτης,
chantre). Le premier des chantres, celui qui dirige
les deux chœurs. Voy. ψάλτης, δομέστικος, χορός. =
PRÆCENTOR, *préchantre, maître de chapelle.*

Πύλη, ης, ἡ (class. *porte, entrée*). Voy. θύρα.

Πυλωρός, οῦ, ὁ (class. *concierge*). Gardien des
portes d'une église, d'un monastère. = OSTIARIUS,
portier.

Πωγωνοκουρία, ας, ἡ (de πώγων, *barbe*, et κείρω,
tondre). Cérémonie dans laquelle on coupe la barbe à
un clerc pour la première fois. = BARBÆ DETONSIO.

P

'**Ράβδος, ου, ἡ** (class. *baguette*, *verge*, *bâton*).
1° Bâton de l'évêque. C'est une tige de métal précieux
que termine, au sommet, une traverse formée de deux
serpents entrelacés et aux têtes affrontées. Souvent
on joint au mot ῥάβδος l'épithète ποιμαντική. La crosse
est également appelée πατερίτσα, δεκανίκιον et βακτηρία.
Voy. χαζράνιον. = BACULUS PASTORALIS, *bâton pasto-*
toral, crosse. — 2° Gros bâton que portent dans les
cérémonies religieuses l'εὐταξίας et le κλητήρ. = CLAVA,
masse; canne.

'**Ραντισμός, ου, ὁ** (class. *action d'asperger*). Action
de jeter de l'eau bénite à l'aide d'une petite croix
entourée de rameaux de basilic, ou dè l'eau de rose à
l'aide du κανίον. = ASPERSIO, *aspersion.*

'**Ράντιστρον, ου, τὸ** (class. *instrument qui sert pour*
asperger). Voy. ἁγιαστήρα.

'**Ράσον, ου, τὸ** (lat. RASUS, A, UM, *rasé, râclé*).
1° Vêtement ample, a manches très larges, et fabriqué
avec une étoffe lisse et souple, que tous les membres
du clergé portent par-dessus le κοντόν. — 2° Courte
tunique faite de drap grossier que portent les novices,
ἀρχάριοι, dans les monastères.

'**Ρασοφόρος, ου, ὁ** (de ῥάσον, *sorte de vêtement* et de
φέρω, *porter*). Celui qui porte le ῥάσον. Voy. ἀρχάριος.

'**Ρεφερενδάριος, ου, ὁ** (bas-lat. REFERENDARIUS,
celui qui est chargé de ce qui doit être rapporté).

Référendaire, officier ecclésiastique dont la fonction
consiste à porter à un prince ou à tout autre grand
personnage des communications que le patriarche veut
lui faire parvenir. = NUNCIUS, *nonce;* CURSOR, *curseur*.

'Ριπίδιον, ου, τὸ (class. *petit éventail*). Instrument
liturgique que le diacre agite, à certains moments, au-
dessus de la patène et du calice, à partir de l'oblation,
pour écarter les mouches qui pourraient se poser sur
le pain et le vin, et, après la consécration, sur les
Saintes Espèces. Il se compose d'un écran circulaire,
fixé à l'extrémité d'une petite hampe. Quelquefois il
affecte la forme d'une tête de chérubin entourée de six
ailes, et, dans ce cas, le ριπίδιον est appelé ἐξαπτέρυγον.
Quand une église ne possède pas de ριπίδιον, l'évente-
ment des oblats se fait à l'aide du grand voile nommé
ἀήρ. Souvent des ριπίδια ou ἐξαπτέρυγα sont portés dans
les processions par des enfants de chœur. = FLABEL-
LUM, *éventail*.

'Ροδόσταγμα, ατος, τὸ (class. *extrait de roses avec
du miel;* gr. mod. *eau de rose*), ou 'Ροδόσταγμος,
ου, ὁ. Voy. κανίον.

'Ροδόσταγμος, ου, ὁ. Voy. ροδόσταγμα.

Σ

Σάβανον ou Σάββανον, ου, τὸ (class. *toile grossière
pour essuyer;* gr. mod. *drap mortuaire, linceul*).
1º Linge dont s'enveloppe un évêque dans certaines circonstances pour protéger ses vêtements sacrés, par

exemple avant de procéder au Lavement des pieds le
Jeudi-Saint, lorsqu'il se prépare à consacrer un autel
dont il doit laver la table, etc. Ce linge, dans lequel
les liturgistes voient la figure du linceul de Notre-Seigneur, est également appelé σινδών. = LINTEUM. —
2° Lange ou chemise d'un petit enfant, dont il est fait
mention dans les rubriques concernant la cérémonie du
Baptême.

Σάββανον, ου, τό. Voy. σάβανον.

Σάββατον, ου, τὸ (hébr. נבש, *jour de repos, jour
de fête, sabbat*). Le septième jour de la semaine. =
SABBATUM, *samedi*. — Τὸ Μέγα Σάββατον, le Grand
Samedi. = SABBATUM SANCTUM, *Samedi Saint*.

Σάκελλα, ης, ἡ. Voy. σακέλλιον.

Σακελλάριος, ου, ὁ (bas-lat. SACELLARIUS, *trésorier,
intendant*, de SACELLUS, *sacoche, bourse*). Ecclésiastique dont l'office consiste à administrer et à visiter les monastères d'hommes d'un diocèse. Voy.
σακέλλιον.

Σακέλλη, ης, ἡ. Voy. σακέλλιον.

Σακέλλιον, ου, τὸ ou **Σάκελλα, Σακέλλη, ης, ἡ**
(lat. SACELLUS, *sacoche, bourse*). Ὁ τοῦ σακελλίου ou
τῆς σακέλλης, ecclésiastique qui est chargé de tout ce
qui concerne les couvents de femmes d'un diocèse, et
qui a également sous sa surveillance la prison de
l'évêque. Voy. σακελλάριος.

Σάκκος, ου, ὁ (class. *étoffe grossière faite de poils
de chèvre; sac*). Tunique autrefois sans manches,
aujourd'hui avec des demi-manches, faite d'une riche
étoffe de soie et couverte de broderies, que tous les
évêques portent maintenant dans la célébration des

Saints Mystères, à la place du φελώνιον, c'est-à-dire de la chasuble, mais qui, dans le principe, était réservée aux patriarches et aux métropolitains.

Σαμαρεῖτις, ιδος, ἡ. La Samaritaine. Ἡ κυριακὴ τῆς Σαμαρείτιδος, le dimanche de la Samaritaine, le cinquième du πεντηκοστάριον, c'est-à-dire de l'espace de cinquante jours compris entre les fêtes de Pâques et de Pentecôte inclusivement. Il est ainsi appelé parce qu'on lit ce jour-là à la Messe l'Évangile de S. Jean où est rapporté l'entretien de Jésus avec la Samaritaine. = DOMINICA QUARTA POST PASCHA, *le quatrième dimanche après Pâques*

Σαμδάνιον ou **Σαμτάνιον, ου, τὸ** (arab· شَمْعَدَان, *flambeau, chandelier*). Ce mot que la langue arabe a emprunté au persan, a passé de celle-là dans le grec vulgaire d'Asie et sert à désigner certains flambeaux ou chandeliers d'église, particulièrement ceux qui sont placés sur l'autel pendant le Saint Sacrifice.

Σαμτάνιον, ου, τὸ. Voy. σαμδάνιον.

Σανδάλιον, ου, τὸ. Voy. σάνδαλον.

Σάνδαλον ou **Σανδάλιον, ου, τὸ** (class. *pantoufle, chaussure de femme*. Ce mot est d'origine persane). Espèce de chaussure propre à certains religieux. = SANDALIUM, *sandale*.

Σήμαντρον, ου, τὸ (class. *sceau, cachet*). Ce mot a un sens liturgique très différent de celui que lui donnent les auteurs classiques, quoique sa racine explique également bien sa double signification (σημαίνω, donner le signal). Il sert à désigner une plaque de bois ou de métal, suspendue à l'entrée d'une église, que le sacristain, κανδηλάπτης, fait résonner en la frappant à l'aide d'un maillet, pour annoncer que l'heure de l'office est arrivée. Cet instrument qui était d'un usage commun autrefois, mais qui a été remplacé par la cloche, a été conservé cependant dans certains monastères. Lorsqu'il est de fer, on l'appelle souvent σιδηροῦν. Les monastères possédaient ordinairement deux σήμαντρα, outre le σιδηροῦν : le petit, τὸ μικρὸν σήμαντρον, ou simplement τὸ μικρόν, dont on se servait tous les jours, et le grand, τὸ μέγα σήμαντρον, ou simplement τὸ μέγα, dont les sons plus graves et plus puissants étaient réservés pour les circonstances solennelles.

Σημεῖον, ου, τό (class. *signe*). Σημεῖον τοῦ σταυροῦ, signe de la croix. Voy. σφραγίς.

Σιδηροῦν, οῦ, τό (σιδηροῦς, ᾶ, οῦν, class. *de fer*). Voy. σήμαντρον.

Σινδών, όνος, ὁ (class. *étoffe très fine de coton* ou *de lin; robe faite de cette étoffe; voile de vaisseau; linceul;* gr. mod. *drap de lit*). Voy. σάβανον.

Σκευοφυλάκιον, ου, τό (class. *magasin, garde-meuble*). Lieu situé à l'intérieur ou à côté du sanctuaire, où sont conservés les vases et les vêtements sacrés ainsi que les divers ornements de l'église. On l'appelle encore διακονικόν, parce que tous les objets qui y sont déposés sont sous la surveillance des diacres. = SECRETARIUM, SACRISTIA, SACRARIUM, *sacristie*, THESAURUS, *trésor*.

Σκευοφύλαξ, ακος, ὁ (class. *gardien des meubles, des bagages*). Ecclésiastique faisant partie du clergé d'une cathédrale, qui a sous sa garde les vases et les vêtements sacrés et, en général, tous les objets précieux constituant le trésor d'une église. Ὁ μέγας Σκευοφύλαξ, le sacristain de l'église patriarcale. = SACRIS-

TARIUS, SACRORUM CUSTOS, *sacristain;* SACRISTA, *sacriste;* THESAURARIUS, *trésorier.*

Σκῆπτρον, ου, τὸ (class. *bâton pour s'appuyer, bâton de commandement, sceptre*). Sceptre. En vertu d'un droit antique l'archevêque de l'île de Chypre tient à la main, dans les cérémonies solennelles, cet insigne de l'autorité royale, au lieu de la crosse, ῥάβδος.

Σκουφάλιον, ου, τὸ (dim. de σκοῦφος). Petit σκοῦφος, sorte de petit bonnet porté à l'église par les enfants de chœur, et à la maison par les membres du clergé. = PILEOLUS, BIRRETUM PARVUM, *calotte.*

Σκούφια, ας, ἡ. Voy. σκοῦφος.

Σκοῦφος, ου, ὁ, ou **Σκούφια, ας, ἡ** (class. σκύφος, ου, ὁ, *vase à boire, coupe*). Sorte de bonnet, moins haut que le καλυμαύχιον, à l'usage des clercs engagés dans les ordres mineurs. = BIRRETUM, *barrette.*

Σολέα, Σολία, Σολεία, Σωλία, Σωλέα, ας, ἡ, ou **Σολέας, Σωλέας ου, ὁ,** ou **Σολεῖον, Σωλεῖον, ου, τὸ** (lat. SOLEA, *seuil, sorte de plancher;* SOLUM, *sol, plancher, pavé;* SOLIUM, *siège*). Espace qui précède immédiatement le sanctuaire, ἱερατεῖον, dont il est séparé par l'iconostase, τέμπλον, et qui est élevé de quelques degrés au-dessus du sol du chœur, χορός. C'est là que les fidèles viennent recevoir la sainte communion des mains du prêtre.

Σολέας, ου, ὁ. Voy. σολέα.

Σολεία, ας ἡ. Voy. σολέα.

Σολεῖον, ου, τὸ. Voy. σολέα.

Σολία, ας, ἡ. Voy. σολέα.

Σπόγγος, ου, ὁ (class. *éponge*). 1° Petite éponge dont le prêtre se sert pour réunir les saintes parcelles, μερίδες, dans la patène, pour les faire tomber dans le

calice après la consécration, et pour purifier les vases
sacrés après la communion. On l'appelle souvent
μοῦσα. = PURIFICATORIUM, *purificatoire*. — 2° Éponge
plus grande que la précédente, que le prêtre ou le
diacre introduit dans le calice après la messe, afin
qu'aucun corps étranger ne puisse pénétrer dans celui-
ci. Elle remplace donc le couvercle proctecteur dont
ce vase sacré est dépourvu.

Στασίδιον, ου, τό (de ἴστημι, *mettre debout*, ἴσταμαι,
se tenir debout). Siège de bois à dossier élevé et à
bras. Les στασίδια sont placés dans trois parties différentes de l'église. Les uns, situés à droite et à gauche
du chœur, sont réservés aux membres du clergé et aux
chantres. D'autres, moins nombreux et destinés aux
prêtres concélébrants, se dressent au fond du sanctuaire et font partie du σύνθρονον. Enfin une troisième
série de sièges et la plus considérable, est disposée
tout autour de l'église, le long des murs. Ceux-ci sont
à l'usage des fidèles, car dans les églises grecques il
n'y a ni chaises ni bancs. Les prêtres et les chantres
sont rarement assis pendant les offices, ce qui explique l'origine du mot στασίδιον, qui signifie suivant sa
racine, non pas un siège, mais un endroit où l'on se
tient debout. Voy. δεκανίκιον. = STALLUM, *stalle*.

Στάσις, εως, ἡ (class. *action de se tenir debout*, *sta-
tion*). Les prières trop longues pour être dites sans
interruption ont été divisées de différentes manières.
C'est à certaines des parties qui sont le résultat de
cette division qu'on a donné le nom de στάσεις, nom qui
indiquait à l'origine qu'on devait les réciter ou les
chanter debout. On a partagé par exemple en trois
στάσεις le chant funèbre des ἐγκώμια, ainsi que chaque
κάθισμα du Psautier, ψαλτήριον.

Σταυροαναστάσιμος, ος, ον (eccl. *relatif à la croix et à la résurrection*). Σταυροαναστάσιμος κανών, canon dont les tropaires, τροπάρια, ont pour sujet le crucifiement et la résurrection de Notre-Seigneur.

Σταυροθεοτόκιον, ου, τὸ (de σταυρός, *croix* et θεοτόκιον, *tropaire en l'honneur de la Mère de Dieu*), s. e. τροπάριον. Tropaire dans lequel la présence de la Sainte Vierge au pied de la Croix est mentionnée.

Σταυροπήγιον, ου, τὸ (de σταυρός, *croix*, et πήγνυμι, *fixer*). 1° Cérémonie qui consiste à fixer sur le lieu où une église doit être bâtie, une croix de bois envoyée par le patriarche. — 2° La croix elle-même que le patriarche a envoyée pour l'accomplissement de cette cérémonie. — 3° L'acte par lequel le patriarche concède le droit de dresser cette croix et, par conséquent, de bâtir une église.

Σταυροπροσκύνησις, εως, ἡ (de σταυρός, *croix*, et προσκύνησις, *prosternation*). Cérémonie dans laquelle on vénère d'une manière spéciale le signe de la Rédemtion, c'est-à-dire la Croix du Sauveur. = ADORATIO CRUCIS, *adoration de la Croix*. — Ἡ κυριακὴ τῆς Σταυροπροσκυνήσεως, le dimanche de l'Adoration de la Croix, qui est en même temps le troisième du Carême. Il est ainsi appelé parce que ce jour-là tout l'office est en l'honneur de la Croix et du Sauveur crucifié et que l'adoration de la Croix a lieu à la fin des Laudes, Ὄρθρος.

Σταυρός, οῦ, ὁ (class. *pieu, pal, gibet, croix*). Toute représentation de la croix sur laquelle Notre-Seigneur a été attaché. Le mot σταυρός sert donc pour désigner la croix qui domine l'autel, celle qui se dresse au-dessus de l'iconostase, celle qu'on porte en tête d'une procession, la croix pectorale de l'évêque, l'empreinte de la croix que présente la face supérieure du pain eucharistique, le signe de la croix qu'un chrétien fait sur son corps, etc. Voy. σημεῖον, σφραγίς. = CRUX, *croix.*

Σταυρώσιμον, ου, τὸ. Voy. σταυρώσιμος.

Σταυρώσιμος, ος, ον (eccl. *qui concerne le crucifiement*). Τροπάριον σταυρώσιμον, ou absolument σταυρώσιμον, tropaire dans lequel il est fait mention du crucifiement de Notre-Seigneur.

Στέφανος, ου, ὁ (class. *couronne*). 1° Mitre épiscopale. Voy. μίτρα. — 2° Couronne dont il est fait usage dans la cérémonie du couronnement, στεφάνωμα, c'est-à-dire du mariage. Il y en a deux, l'une pour l'époux et l'autre pour l'épouse. Les époux sont considérés comme pouvant porter ces couronnes pendant une octave entière. Voilà pourquoi huit jours après leur mariage, ils reviennent à l'église où a lieu la cérémonie de la déposition des couronnes, λύσις τῶν στεφάνων.

Στεφάνωμα, ατος, τὸ (class. *couronne*). Couronnement. C'est ainsi qu'on désigne la cérémonie pendant laquelle un homme et une femme sont unis légitimement par le sacrement du mariage, γάμος. Ce nom vient de ce que, à un certain moment, le prêtre pose une couronne, στέφανος, sur la tête de chacun des époux. = MATRIMONIUM, *mariage, bénédiction nuptiale.*

Στιχάριον, ου, τὸ (dim. de στίχος, *rang, rangée, ligne*), ou **Στοιχάριον, ου, τὸ** (dim. de στοῖχος, *rang, ligne, raie*). Longue robe de soie, plus ou moins ornée de broderies, et à manches tantôt courtes et larges, tantôt longues et étroites, que les membres du clergé portent dans les fonctions sacrées. Le στιχάριον de l'évêque était autrefois rayé de bandes rouges

(Voy. ποταμός). = ALBA, *aube;* DALMATICA, *dalmatique;* TUNICA, *tunique.*

Στιχηρόν, οῦ, τὸ (στιχηρός, ά, όν, class. *disposé par lignes;* eccl. *qui concerne un verset,* στίχος), s. e. τροπάριον. Tropaire qui est chanté après un verset d'un psaume. C'est à proprement parler un verset d'origine ecclésiastique ajouté à un verset scripturaire. On donne ce nom spécialement aux tropaires qui acpagnent certains versets des psaumes 141, 129 et 116, à l'office des Vêpres.

Στιχολογία, ας, ἡ (class. *action de réciter des vers*). Récitation des versets d'un psaume ou, par extension, des tropaires d'un canon. = PSALMODIA, *psalmodie.*

Στίχος, ου, ὁ (class. *rang, ligne, vers*). 1º Quelques paroles extraites de l'Écriture Sainte et formant un tout complet; plus spécialement, une des petites sections d'un psaume. Les mots : εἰς τὸ Κύριε ἐκέκραξα ἱστῶμεν στίχους ι' ou η' ou ϛ' ou δ', qu'on lit souvent dans les rubriques, signifient qu'à Vêpres on chante un tropaire appelé στιχηρόν après chacun des 10 (ou 8 ou 6 ou 4) derniers versets du Κύριε ἐκέκραξα (ou κεκραγάριον). Or, comme par cette expression on entend la réunion des psaumes 140, 141, 129 et 116, le premier de ces psaumes qui commence par ces mots Κύριε ἐκέκραξα, est précisément le seul dans lequel aucun tropaire n'est intercalé. = VERSUS, *verset.* — 2º Phrase composée sur le modèle des versets tirés de l'Écriture Sainte. Voy. ἐδάφιον. = VERSUS, *verset.*

Στοιχάριον, ου, τὸ. Voy. στιχάριον.

Στολή, ῆς, ἡ (class. *habit, costume*). Ἡ ἱερὰ στολή, ou αἱ ἱεραὶ στολαί, les vêtements sacrés. Ἡ ἱερατικὴ, ἀρχιερατικὴ, πατριαρχικὴ στολή, les vêtements sacerdo-

taux, pontificaux ou épiscopaux, patriarcaux. On dit
souvent ἄμφιον au lieu de στολή. Pour les vêtements
et ornements ecclésiastiques, voy. ἀντερίον, δακτύλιος,
ἐγκόλπιον, ἐπιμανίκιον. ἐπιτραχήλιον, ζώνη, κοντόν, μίτρα,
σάκκος, σκουφάλιον, σκοῦφος, στιχάριον, σταυρός, ῥάβδος,
ῥάσον, ὑπογονάτιον, φελώνιον, ὠμοφόριον.

Σύγκελλος, ου, ὁ (du gr. σύν. *avec*, et du lat. CELLA,
cellule). Ecclésiastique qui était placé auprès d'un abbé
ou d'un évêque pour être témoin de toutes ses actions
et avoir inspection sur sa conduite. Il ne le quittait
jamais et couchait dans sa chambre. Depuis longtemps
la charge de ce dignitaire est tombée en désuétude, mais
le titre a survécu, et celui qui le porte n'est plus qu'une
sorte de secrétaire. = SYNCELLUS, *syncelle*. — Auprès
de certains patriarches on trouve non seulement un syncelle, mais encore un premier syncelle Πρωτοσύγκελλος.
Ce dernier s'appelle à Constantinople grand premier
syncelle, Μέγας Πρωτοσύγκελλος.

Συγχώρησις, εως, ἡ (class. *concession, pardon*).
Pardon de ses fautes qu'un religieux demande au supé.
rieur ou à ses frères pendant un office, ou qu'un prêtre
accorde à un fidèle à la fin de certaines cérémonies.
= ABSOLUTIO, *absolution*. — La formule de cette absolution est ordinairement : ὁ Θεὸς συγχωρήσαι σοι.

Συγχωρητικός, ή, όν (class. *accommodant, indul-
gent;* eccl. *relatif au pardon des péchés*). Τὸ συγχω-
ρητικόν, l'absolution donnée à un pénitent par le prêtre
auquel il vient de confesser ses péchés. — Αἱ συγχω-
ρητικαὶ εὐχαί, les prières de l'absolution. On nomme
ainsi certaines oraisons que le prêtre récite dans la
cérémonie des funérailles pour demander à Dieu de
pardonner au défunt les fautes qu'il a commises.

Συλλείτουργον, ου, τὸ (de σύν, *avec*, et λειτουργός,

ός, όν, *qui remplit une fonction publique*). Action de
dire la messe avec un ou plusieurs prêtres. Les patriarches, lorsqu'ils célébrent la messe pontificalement, sont
ordinairement accompagnés d'évêques qui la célèbrent
avec eux. De même plusieurs évêques ou plusieurs
prêtres offrent souvent ensemble le Saint Sacrifice. =
CONCELEBRATIO, *concélébration*.

Συλλειτουργός, οῦ, ὁ (class. *collègue dans l'exercice de fonctions publiques*). Prêtre ou évêque qui
célèbre avec un autre le Saint Sacrifice, Λειτουργία. =
CONCELEBRANS, *concélébrant*.

Σύλληψις, εως, ἡ (class. *action de concevoir*).
1° Ἡ Σύλληψις τῆς Θεοπρομήτορος ῎Αννης, la Conception
(active) d'Anne, l'aïeule maternelle de Dieu, c'est-à-
dire la Conception (passive) de la Vierge Marie, dont
la fête est célébrée le 9 décembre. — IMMACULATA
CONCEPTIO B. M. V., *l'Immaculée Conception de la
Sainte-Vierge* (8 décembre). — 2° Ἡ Σύλληψις τοῦ
Προδρόμου καὶ Βαπτιστοῦ Ἰωάννου, la Conception du
Précurseur Jean-Baptiste, qui est célébrée le 23 septembre.

Σύμβολον, ου, τό (class. *signe, marque*). Formulaire qui contient les principaux articles de la foi. La
seule profession de foi dont l'église grecque fasse
usage est celle qui est dite de Constantinople. =
SYMBOLUM, *symbole*.

Σύμπτωσις, εως, ἡ (class. *coïncidence, rencontre*).
Concours de deux fêtes qui tombent précisément le
même jour. = OCCURRENTIA, *occurrence*.

Συναξάριον, ου, τό (de σύναξις, *réunion, rassemblement; assemblée de fidèles*). Livre contenant un
abrégé des actes des Saints, soit parce qu'il se com-

pose de textes recueillis de différents côtés, soit parce qu'il est lu dans les assemblées religieuses, συνάξεις. = MARTYROLOGIUM, *martyrologe*. — 2° Extrait de ce livre qui est intercalé dans l'office d'un saint, après la sixième ode du canon, κανών, qui lui est propre. Voy. μηνολόγιον.

Σύναξις. εως, ἡ (class. *réunion, rassemblement*). 1° Assemblée de fidèles assistant à une cérémonie religieuse. — 2° Nom donné à certaines fêtes, par exemple : ἡ Σύναξις τῆς Θεοτόκου, fête, c'est-à-dire assemblée des fidèles en l'honneur de la Sainte-Vierge (26 décembre).

Συναπτή, ῆς, ἡ (class. συναπτός, ή, όν, *joint, lié*). On appelle ainsi la réunion d'un certain nombre d'oraisons qui se récitent à la suite l'une de l'autre. Il y a deux συναπταί. La plus longue, ἡ μεγάλη συναπτή, est formée d'oraisons précédées de la formule : ἐν εἰρήνῃ τοῦ Κυρίου δεηθῶμεν, *en paix prions le Seigneur*, et suivies de deux prières commençant par les mots ἀντιλαβοῦ et τῆς παναγίας. La plus courte, ἡ μικρὰ συναπτή, ne se compose que de l'invitatoire et des deux prières finales. On désigne encore la συναπτή par les expressions τὰ διακονικά, *les diaconales*, parce qu'elle est récitée par le diacre, et τὰ εἰρηνικά, *les pacifiques*, à cause des paroles initiales : ἐν εἰρήνῃ. Cette longue série de supplications. à chacune desquelles le peuple répond : Κύριε, ἐλέησον, a beaucoup d'analogie avec l'ἐκτενής et l'αἴτησις. = COLLECTA, *collecte;* LITANIA, *litanies*.

Σύνθρονον, ου, τὸ (σύνθρονος, ος, ον, class. *assis sur le même trône*). Ce mot désigne tout à la fois le siège de l'évêque et les stalles des prêtres concélébrants. Voy. θρόνος.

Συνοδικόν, οῦ, τὸ (συνοδικός, ή, όν, class. *qui con-*

10

cerne les assemblées; eccl. *qui concerne les synodes*, c'est-à-dire *les conciles*). 1° S. e. βιβλίον. Livre contenant les actes d'un concile. En liturgie on donne ce nom à un écrit qui est lu avant la Messe le jour de la fête de l'Orthodoxie (1ᵉʳ dimanche du Carême), et qui renferme d'abord des acclamations adressées à Notre-Seigneur, à ses Saintes Images et à ses Saints, puis des anathèmes dirigés contre les hérétiques, particulièrement contre les Iconoclastes. — 2° Salle où un synode tient ses séances.

Σύνοδος, ου, ἡ (class. *réunion, assemblée*). 1° Assemblée d'évêques et de docteurs pour statuer sur des questions de doctrine, de discipline. = CONCILIUM, *concile*. — 2° Chez les Grecs dissidents, conseil permanent, composé d'archevêques présidés ou non par un patriarche, qui dirige toutes les affaires spirituelles et temporelles de l'église sur laquelle il étend sa juridiction. = SYNODUS, *synode*.

Σύνοψις, εως, ἡ (class. *vue générale; récapitulation*). Ἡ Ἱερὰ Σύνοψις, le Résumé sacré. On appelle ainsi un livre d'église, à l'usage des fidèles, contenant les prières les plus usuelles. = *Paroissien, manuel de piété.*

Σύντεκνος, ου, ὁ, ἡ (class. *père commun* ou *mère commune à plusieurs enfants; enfant qui a les mêmes parents qu'un autre;* eccl. *frère* ou *sœur de lait; enfant adoptif; parrain* ou *marraine*). Personnage qui sert d'intermédiaire entre l'homme et la femme qui vont être unis par le sacrement du mariage; celui, celle qui, pendant la cérémonie nuptiale, assistent le marié, la mariée. = *Garçon d'honneur, fille* ou *demoiselle-d'honneur.*

Σφιγκτήρ, ῆρος, ὁ (class. *sorte d'habit serré par une ceinture*), ou **Σφιγκτούριον** ou **Σφικτούριον,**

ου, τό. Tunique courte et étroite portée par les chantres, ψάλται.

Σφιγκτούριον, ου, τό. Voy. σφιγκτήρ.

Σφικτούριον, ου, τό. Voy. σφιγκτήρ.

Σφραγίς, ιδος, ἡ (class. *sceau, cachet*). Σφραγὶς τοῦ σταυροῦ. 1° Toute empreinte représentant la croix de Notre-Seigneur, par exemple celle que porte sur sa face supérieure le pain de l'offrande, προσφορά. = CRUX, *croix*. — 2° Signe de la croix que le prêtre ou l'évêque fait de la main droite sur un objet qu'il bénit. = SIGNUM CRUCIS, *signe de la croix*. — 3° Image de la croix qu'un chrétien reproduit sur son corps en portant les trois premiers doigts de sa main droite réunis ensemble, d'abord à son front, puis à la hauteur de son estomac, ensuite à son épaule droite et enfin à son épaule gauche. = SIGNUM CRUCIS, *signe de la croix*. — On dit également dans toutes ces significations σημεῖον τοῦ σταυροῦ ou simplement σταυρός.

Σχῆμα, ατος, τό (class. *forme; habillement ; attitude*). 1° Révérence par laquelle un ecclésiastique salue un supérieur, ses égaux ou le chœur. Voy. προσκύνημα. — 2° Vêtement de moine. Τὸ μικρὸν σχῆμα, le petit vêtement, c'est-à-dire le μανδύας, qui est l'habit distinctif du religieux profès du premier degré, μικρόσχημος. Τὸ μέγα σχῆμα, le grand habit, c'est-à-dire la capuce, κουκούλλιον, qui est propre au religieux profès du deuxième degré, μεγαλόσχημος.

Σωλέα, ας, ἡ. Voy. σολέα.

Σωλέας, ου, ὁ. Voy. σολέα.

Σωλεῖον, ου, τό. Voy. σολέα.

Σωλέα, ας, ἡ. Voy. σολέα.

T

Τάξις, εως, ἡ (class. *arrangement, disposition*). Ordre prescrit d'une cérémonie. On dit à peu près dans le même sens : διάταξις, τύπος. = ORDO, *ordre;* RITUS, *rite.*

Τελετή, ῆς, ἡ (class. *fin, accomplissement, rite, fête*). L'ensemble des actes et des prières qui constituent une fonction religieuse. = CÆREMONIA, *cérémonie;* RITUS, *rite;* OFFICIUM, *office.*

Τελετουργός, οῦ, ὁ (τελετουργός, ός, όν, class. *qui remplit les fonctions du culte*), s. e. ἱερεύς. Prêtre qui accomplit une cérémonie sacrée, particulièrement celui qui offre le Saint Sacrifice. = CELEBRANS, *célébrant, officiant.*

Τελώνης, ου, ὁ. Le Publicain. Ἡ κυριακὴ τοῦ Τελώνου καὶ τοῦ Φαρισαίου, le dimanche du Publicain et du Pharisien, le premier du Τριῴδιον, c'est-à-dire du temps préparatoire à la fête de Pâques, lequel est compris entre ce dimanche et le Samedi-Saint inclusivement. Il est ainsi appelé parce que ce jour-là on lit à la Messe l'Évangile de S. Luc où la parabole du Pharisien et du Publicain est rapportée. = *Celui des dimanches après l'Épiphanie qui précède immédiatement le dimanche de la Septuagésime.*

Τέμπλον, ου, τὸ (lat. TEMPLUM, *temple*). Grande clôture de bois ou de marbre, richement décorée, qui sépare le sanctuaire, ἱερατεῖον, de la nef, ναός, ou plutôt du chœur, χορός, clôture qui est percée de trois

portes (Voy. θύρα, πύλη), et sur laquelle sont peintes
les images de Notre Seigneur, de la Sainte-Vierge et
des principaux Saints (Voy. εἰκών). On ne peut dire
pour quelle raison elle a été désignée par le mot d'origine latine, τέμπλον, qui, d'après sa signification propre, devrait s'appliquer plutôt à l'église entière, ou,
dans un sens plus restreint, au sanctuaire. Mais,
chose plus étrange, ce mot a de nombreux synonymes,
tels que καταπέτασμα, δρύφακτα, διάστυλα, κιγκλίδες, εἰκονοστάσιον, et aucun de ces termes n'est parvenu à
supplanter les autres, au point de devenir l'appellation
précise et officielle de la clôture en question, laquelle
joue un rôle si important dans les églises grecques.
Le lecteur est prié de se reporter à chacun d'entre
eux, pour en trouver la signification exacte. Une des
causes pour lesquelles aucune de ces expressions n'a
été adoptée définitivement par les Grecs, de préférence aux autres, c'est que, dans le langage courant,
ainsi que dans les rubriques, il n'est presque jamais
question de la clôture du sanctuaire, tandis qu'il est
sans cesse fait mention des Saintes Images qui y sont
peintes et des portes qui permettent de la franchir.
Les Français ont choisi pour désigner cette clôture
l'expression εἰκονοστάσιον, dont ils ont fait *iconostase;*
mais ce choix a le défaut de trop restreindre la signification que ce mot a chez les Grecs. = CANCELLI,
cancel.

Τεσσαρακοστά, ῶν, τὰ (τεσσαρακοστός, ή, όν, class.
quarantième), s. e. ἱερά. Service funèbre célébré pour
un défunt quarante jours après sa mort.

Τεσσαρακοστή, ῆς, ή (τεσσαρακοστός, ή, όν, class.
quarantième), s. e. νηστεία. 1° Jeûne préparatoire à
la fête de Pâques qui dure pendant quarante jours.

= JEJUNIUM QUADRAGESIMALE, *jeûne quadragésimal.*
— 2° Le temps de pénitence et de tristesse pendant lequel dure ce jeûne. = QUADRAGESIMA, *carême.*

Τέστον, ου, τὸ (lat. TESTA, TESTUM, *vase de terre*). Sorte de vase dont il est fait usage dans la cérémonie du lavage de l'autel le Jeudi-Saint.

Τετάρτη, ης, ἡ (class. τέταρτος, η, ον, *quatrième*), s. e. ἡμέρα. Le quatrième jour de la semaine. On dit quelquefois τετράς = FERIA QUARTA, *quatrième férie, mercredi.* — Ἡ Μεγάλη Τετάρτη, le Grand Mercredi. = FERIA QUARTA MAJORIS HEBDOMADÆ, *mercredi de la Semaine Sainte.*

Τετραευαγγέλιον, ου, τὸ (de τέσσαρες, *quatre*, et εὐαγγέλιον, *évangile*). Livre liturgique contenant les quatre Évangiles placés l'un à la suite de l'autre et divisés en chapitres et en versets. Il ne faut pas le confondre avec l'Évangéliaire, Εὐαγγέλιον, qui renferme les extraits des Évangiles disposés dans l'ordre où ils doivent être lus pendant le cours de l'année à la Messe et à l'Office. D'un autre côté, il se distingue du livre nommé Nouveau Testament, Καινὴ Διαθήκη, en ce que ce dernier contient non seulement les Évangiles, mais encore les Actes des Apôtres, les Épîtres et l'Apocalypse.

Τετραπόδιον, ου, τὸ. Voy. τετράποδος.

Τετράποδος, ου, ὁ (τετράποδος, ος, ον, *qui a quatre pieds*). Table portative sur laquelle on place certains objets pendant une cérémonie. On trouve la variante τετραπόδιον.

Τετράς, άδος, ἡ (class. *nombre de quatre; quatrième jour*). Voy. τετάρτη.

Τετραῷδιον, ου, τὸ (de τέσσαρες, *quatre*, et ᾠδή, *ode*). Canon qui n'est composé que de quatre odes. Voy. κανών.

Τίτλος, ου, ὁ (lat. TITULUS, *titre, annonce*). Voy. φήμη.

Τράπεζα, ης, ἡ (class. *table à quatre pieds; table à manger*). Ἡ Ἁγία ou Ἱερὰ Τράπεζα, la Table Sainte ou Sacrée. On appelle ainsi une table supportée par quatre pieds, quelquefois par un seul, sur laquelle le prêtre ou l'évêque offre le Saint Sacrifice. Elle est placée au milieu du sanctuaire, ἱερατεῖον. Souvent on la désigne par le mot Θυσιαστήριον. = ALTARE, *autel*. — 2° Table sur laquelle les religieux prennent leurs repas dans un monastère. Les prières qui se disent avant et après le déjeuner, ἄριστον, et le dîner, δεῖπνον, se nomment ἀκολουθία τῆς τραπέζης et εὐχὴ τῆς τραπέζης, office et prière de la table, BENEDICTIO MENSÆ. Voy. παναγία.

Τριαδικόν, οῦ, τὸ. Voy. τριαδικός.

Τριαδικός, ή, όν (class. *qui concerne le nombre trois; eccl. qui concerne la Trinité*). Κανὼν τριαδικός, ὕμνος τριαδικός, τροπάριον τριαδικόν, ou absolument τριαδικόν, canon, hymne, tropaire dans lesquels la Sainte Trinité est glorifiée.

Τριθέκτη ou **Τριτέκτη, ης, ἡ** (de τρίτη, *troisième*, et ἕκτη, *sixième*). 1° s. e. ὥρα. Les deux heures canoniales Tierce, Τρίτη ὥρα, et Sexte, Ἕκτη ὥρα. — 2° s. e. ᾠδή. La troisième et la sixième ode du canon, κανών, du jour, que l'on chante quelquefois à la Messe à la place de la troisième antienne, ἀντίφωνον. Ces deux odes sont choisies de préférence, parce que la Messe est célébrée entre Tierce et Sexte.

Τρικήριον, ου, τὸ, quelquefois au plur. **Τρικήρια, ων, τὰ** (de τρίς, *trois fois*, et κήριον, *petit cierge*). Lorsque l'évêque bénit le peuple dans les cérémonies où il officie pontificalement, il tient dans sa main droite un petit chandelier à trois branches surmonté de trois cierges, qu'on appelle τρικήριον ou τρικήρια, et dans sa main gauche, un autre chandelier, mais à deux branches seulement et portant deux cierges, qu'on nomme δικήριον. Le premier représente les trois personnnes de la Sainte-Trinité, tandis que le second figure les deux natures de Jésus-Christ. Ces deux chandeliers sont souvent désignés par le terme unique τὰ δικηροτρίκηρα, qui est formé par la réunion des mots δικήριον et τρικήριον.

Τριχοκουρία, ας, ἡ (class. *coupe des cheveux*). Voy. ἀπόλουσις.

Τρίμηνα, ων, τὰ (τρίμηνος, ος, ον, class. *de trois mois, trimestriel*), s. e. ἱερά. Service funèbre célébré pour un défunt trois mois après sa mort.

Τρισάγιον, ου, τὸ. Voy. τρισάγιος.

Τρισάγιος, ου, ὁ (class. *trois fois saint, très saint*), s. e. ὕμνος, ou **Τρισάγιον, ου, τὸ.** Invocation qui est récitée très souvent pendant les offices et qui est chantée solennellement à la Messe. Elle se compose des paroles suivantes : Ἅγιος ὁ Θεὸς, Ἅγιος Ἰσχυρὸς, Ἅγιος Ἀθάνατος, ἐλέησον ἡμᾶς, *Dieu saint, Saint fort, Saint immortel, aie pitié de nous.*

Τρισκέλιον, ου, τὸ (de τρίς, *trois fois,* et σκέλος, *jambe*). Pupitre portatif, composé ordinairement de trois, quelquefois de quatre tiges disposées en forme d'X, et pouvant se joindre ou s'écarter à volonté. On en fait usage pour certaines lectures solennelles de l'Évangile. = LEGILE, ANALOGIUM, *analogie.*

Τρίτα, ων, τὰ (τρίτος, η, ον, class. *troisième*), s. e. ἱερά. Service funèbre célébré pour un défunt le troisième jour après sa mort.

Τριτέκτη, ης, ἡ. Voy. τριθέκτη.

Τριτεύων, οντος, ὁ (de τριτεύω, *être le troisième* en rang, en qualité), s. e. διάκονος. Le troisième diacre, c'est-à-dire celui qui vient après le δευτερεύων.

Τρίτη, ης, ἡ (τρίτος, η, ον, class. *troisième*), s. e. ἡμέρα. Le troisième jour de la semaine. = FERIA TERTIA, *troisième férie, mardi.* — Ἡ Μεγάλη Τρίτη, le Grand Mardi. = FERIA TERTIA MAJORIS HEBDOMADÆ, *mardi de la Semaine Sainte.*

Τρίψαλμος, ος, ον (eccl. *qui est composé de trois psaumes*). Ἡ Πρώτη Ὥρα ψάλλεται τρίψαλμος, la première heure ou prime est chantée à trois psaumes, c'est-à-dire : on ne chante que les trois psaumes de prime.

Τριῴδιον, ου, τό (de τρίς, *trois fois*, et ᾠδή, *ode*). 1° Canon qui ne contient que trois odes. Voy. κανών. — 2° Livre liturgique qui donne les offices du temps préparatoire à la fête de Pâques, lequel est compris entre le dimanche du Publicain et du Pharisien (Voy. τελώνης) et le Samedi-Saint inclusivement. On l'appelle ainsi parce qu'un grand nombre des canons qu'il renferme ne sont composés que de trois odes (Voy. κανών). — 3° Par extension, le temps préparatoire à la solennité de Pâques, dont les offices se trouvent dans le livre qui vient d'être mentionné

Τροπάριον, ου, τό (dim. de τρόπος, class. *tournure, manière d'être; rythme, mélodie, mode*). Tropaire. On appelle ainsi une courte prière d'origine ecclésiastique et variant suivant les fêtes, qui a été ajoutée de bonne heure aux prières tirées de la Bible, dont l'office se composait uniquement dans les premiers temps du Christianisme. Tout d'abord les tropaires

étaient des périodes de prose libres de toute règle ;
mais, plus tard, les lois rythmiques de l'isosyllabie et
de l'homotonie leur ayant été appliquées, de façon à
en faire de véritables strophes poétiques, un certain
nombre d'entre eux se transformèrent en εἱρμοί, c'est-
à-dire en types de tropaires nouveaux qui furent composés sur le même rythme et chantés sur la même
mélodie. Ceux qui ne furent pas imités et ne prêtèrent,
par conséquent, ni le rythme ni la mélodie qui leur
étaient propres, furent nommés ἰδιόμελα ou αὐτόμελα.
Enfin la quantité des tropaires dus à la verve intaris-
sable des hymnographes étant devenue innombrable,
on les classa sous divers noms indiquant la place spéciale occupée par chacun d'eux dans l'office. Le tropaire primitif propre à chaque fête et qui existait
seul, à l'origine, s'appelle encore τροπάριον τῆς ἡμέρας,
ou simplement τροπάριον. On le désigne aussi par le
terme ἀπολυτίκιον, parce qu'il se chantait à la fin de
l'office du soir. En somme, le tropaire est l'élément
contitutif de toute l'hymnographie religieuse des
Grecs, œuvre immense dont une partie seulement a
été maintenue dans les livres liturgiques imprimés, le
reste étant encore enfoui dans les manuscrits. Ces
livres, qui sont pourtant fort volumineux, le seraient
dix fois plus encore, si les vers des tropaires étaient
placés les uns au-dessous des autres, suivant la disposition adoptée pour ceux des poésies profanes. Or,
pour condenser davantage les textes, les éditeurs des
livres en question, imitant en cela les copistes des
manuscrits, ont l'habitude de faire imprimer ces vers
à la suite l'un de l'autre et d'en marquer la séparation
uniquement à l'aide de points diacritiques. Sans cette
séparation, laquelle manque d'ailleurs dans certaines
éditions, rien n'indiquerait d'une manière sensible au

lecteur qu'il a sous les yeux, non de la prose, mais
des textes poétiques soumis à une rythmique régu-
lière. = MODULUS; TROPUS, *trope.* — Voy. ἀλφάβητος.
ἀναστάσιμον, ἀνατολικόν, ἀπολυτίκιον, ἀπόστιχον, ἀποστολικόν, αὐτόμελον, δεσποτικόν, δογματικόν, δοξαστικόν, εἱρμός,
εἰσοδικόν, ἐξαποστειλάριον, εὐλογητάριον, ἑωθινόν, θεοτόκιον,
ἰδιόμελον, κάθισμα, καταβασία, κατανυκτικόν, κοινωνικόν,
κοντάκιον, μαρτυρικόν, μεγαλυνάριον, νεκρώσιμον, προεόρτιον,
προσόμοιον, σταυροθεοτόκιον, σταυρώσιμον, στιχηρόν, τριαδικόν, ὑπακοή, φωταγωγικόν.

Τροῦλλα, ας, ἡ. Voy. τροῦλλος.

Τροῦλλος, ου, ὁ, ou **Τροῦλλα, ας, ἡ** (du lat.
TRULLA, *sorte de coquillage de forme ronde*). Coupole
ou dôme d'une église. Voy. θόλος.

Τυπικά, ῶν, τὰ (τυπικός, ή, όν, class, *fait d'après un
type; qui sert de type*). Petit office qui est intercalé
entre Sexte, Ὥρα ἕκτη, et None, Ὥρα ἐννάτη. Il se
compose principalement des psaumes 102 et 145, de
quelques tropaires et des Béatitudes, Μακαρισμοί.
Autrefois il se disait avant la Messe, mais aujourd'hui
il lui est étroitement uni. En effet, il lui prête quel-
ques-unes de ses prières pour remplacer les trois
antiennes, ἀντίφωνα, les jours où elle n'en a pas de
spéciales. Les liturgistes ne sont pas d'accord sur le
motif qui a fait donner à cet office le nom de τυπικά.

Τυπικάρης, ου, ὁ. Ecclésiastique qui est chargé de
veiller à ce que les règles, relatives aux cérémonies,
données dans le Typicon, Τυπικόν, soient observées
exactement. = CÆREMONARIUS, *cérémoniaire.*

Τυπικόν, οῦ, τὸ (τυπικός, ή, όν, class. *qui sert de
type, de modèle;* byz. *réglé, prescrit*), s. e. βιβλίον.
1° Formulaire contenant les règles d'après lesquelles

les cérémonies religieuses s'accomplissent dans un monastère, dans un diocèse ou dans un patriarcat. Il répète ou plutôt complète les indications fournies par les rubriques des autres livres liturgiques. = CÆREMONIALE, *cérémonial*. — 2° Extrait du formulaire ci-dessus placé en tête du texte d'un office dans un livre liturgique.

Τυπικός, ή, όν (byz. *réglé, prescrit*). Fixé par les règlements. Διάταξις τυπική, ordre d'une cérémonie prescrit par le τυπικόν, rite conforme aux règles.

Τύπος, ου, ὁ (class. *forme, figure, type*). Ordre prescrit d'une cérémonie. On emploie à peu près avec la même signification τάξις et διάταξις. = ORDO, *ordre;* RITUS, *rite.*

Τυρινή, ῆς, ἡ (eccl. τυρινός, ή, όν, *relatif au fromage*), ou **Τυροφάγος, ου, ἡ** (eccl. *qui mange du fromage*), s. e. ἑβδομάς. La semaine du Fromage ou la semaine où l'on mange du fromage, la dernière avant le Grand Carême, ainsi appelée parce pendant ces sept jours on est autorisé à faire usage, entre autres aliments, de fromage, de beurre et de lait. = *La semaine qui précède le dimanche de la Quinquagésime.* — Ἡ κυριακὴ τῆς Τυρινῆς ou τῆς Τυροφάγου (s. e. ἑβδομάδος), le dimanche de la semaine où l'on peut manger du lait, du beurre et du fromage, c'est-à-dire qui termine cette semaine, et après lequel l'usage de ces aliments est prohibé. = DOMINICA IN QUINQUAGESIMA, *quinquagésime.*

Τυροαπόθεσις, εως, ἡ (de τυρός, *fromage*, et ἀπόθεσις, *abandon*). Ἡ ἑβδομὰς τῆς τυροαποθέσεως, la semaine de l'abstinence du fromage, c'est-à-dire la première semaine du grand jeûne préparatoire à la fête de

Pâques, pendant laquelle on commence à ne plus manger ni fromage, ni beurre, ni lait. Elle commence le
lendemain du dimanche où l'usage de ces aliments est
encore permis (Voy. τυρινή). = *Semaine de la Quinquagésime.*

Τυροφάγος, ου, ή (eccl. *qui mange du fromage*).
Voy. τυρινή.

Τυφλός, ου, ό. L'Aveugle. Ἡ κυριακὴ τοῦ Τυφλοῦ, le
dimanche de l'aveugle, le sixième du πεντηκοστάριον,
c'est-à-dire de l'espace de cinquante jours compris
entre les fêtes de Pâques et de Pentecôte inclusivement. Il est ainsi appelé parce qu'on lit ce jour-là
à la Messe l'Évangile de S. Jean où la guérison de
l'aveugle-né est rapportée. = DOMINICA QUINTA POST
PASCHA, *le cinquième dimanche après Pâques.*

Υ

῞Υμνησις, εως, ή (class. *action de chanter, de célébrer*). Ce mot est employé quelquefois à la place de
ὕμνος.

῞Υμνος, ου, ό (class. *chant en l'honneur d'un
dieu ou d'un héros; poème, panégyrique*). On entend
par ce mot, dont la signification est très étendue, telle
ou telle prière dont la forme est plus ou moins lyrique,
et même quelquefois une réunion de prières diverses.
L'hymne peut être rythmée, comme elle peut être en
prose; tantôt elle est très courte, tantôt elle est très
longue. Elle n'est donc pas une composition faite sur
un type convenu. = HYMNUS, *hymne.*

'Ὑπακοή, ῆς, ἡ (class. *obéissance; sujétion;* eccl.
refrain d'un chant religieux). Tropaire intercalé dans
certains canons (Voy. κανών), après la troisième ode.
Il semble qu'à l'origine le chant de ce tropaire était
exécuté par toute l'assistance, alors que les tropaires
précédents et les suivants étaient chantés en solo par
un chantre.

'Ὑπαπαντή, ῆς, ἡ (de ὑπαπαντῶ, forme byz. du class.
ὑπαντῶ, *aller à la rencontre de*). Ἡ Ὑπαπαντή, la
Rencontre, fête de Notre-Seigneur célébrée le 2 fé-
vrier, et destinée à rappeler le jour où le vieillard
Siméon et la prophétesse Anne vinrent au-devant de
Jésus enfant que ses parents présentaient au Temple.
= PURIFICATIO B. M. V., *Purification de la Sainte-
Vierge.*

'Ὑπηρέτης, ου, ὁ (class. *manœuvre, domestique*).
Ἐκκλησιαστικὸς ὑπηρέτης, serviteur laïque chargé de
nettoyer l'église, d'allumer les lampes, etc. = *Employé d'église.*

'Ὑπογονάτιον, ου, τὸ (de ὑπό, *sous*, et γόνυ, *genou*),
ou 'Ἐπιγονάτιον, ου, τὸ (de ἐπί, *sur*, et γόνυ, genou).
Objet qui fait partie des vêtements sacrés. C'est un
carton en forme de losange, orné de broderies et
d'une croix ou d'une image, qui se porte à la hauteur
du genou droit, à l'aide d'un ruban passé sur l'épaule
gauche ou attaché à la ceinture. Cet ornement est
porté aujourd'hui par tous les dignitaires ecclésiastiques. = SUBCINGULUM, SUBCINCTORIUM.

'Ὑπογραμματεύς, έως (class. *sous-secrétaire*). Voy.
ἀρχιγραμματεύς.

'Ὑποδιάκονος, ου, ὁ (class. *sous-domestique, sous-
aide*). Ecclésiastique auquel a été conféré le deuxième

des ordres mineurs, le premier étant celui de lecteur, ἀναγνώστης. Ses fonctions consistent à préparer les vases et les vêtements sacrés, à présenter l'aiguière et le manuterge à l'évêque pour qu'il se lave les doigts, etc. = SUBDIACONUS. *sous-diacre*.

Ὑπόμνημα, ατος, τό (class. *ce qui sert à rappeler le souvenir d'une chose, avertissement*). Chaque jour, à l'office des Laudes, Ὄρθρος, après le chant de la sixième ode du κανών, on lit un extrait du συναξάριον, ou du μηνολόγιον qui fait connaître brièvement la fête ou la simple mémoire propre à ce jour-là. Mais lorsqu'on célèbre en outre une fête mobile, on joint à cet extrait quelques mots pour annoncer la fête en question. C'est cette annonce qu'on désigne par le mot ὑπόμνημα. Le cérémonial nommé τυπικόν indique les circonstances où il faut lire τὸ Μηνολόγιον τῆς ἡμέρας καὶ τὸ Ὑπόμνημα τῆς ἑορτῆς, le Ménologe du jour et l'Annonce de la fête.

Ὑπομνηματογράφος, ου, ὁ (class. *celui qui écrit des notes, des mémoires*). Ecclésiastique chargé de rédiger les procès-verbaux des assemblées tenues par des évêques. = SECRETARIUS, *secrétaire.*

Ὑπομνήσκων, οντος, ὁ (class. *celui qui remet en mémoire*). Officier ecclésiastique qui est chargé de recevoir et de présenter au patriarche les demandes et réclamations diverses qui lui sont adressées.

Ὑποψήφιος, ου, ὁ (class. *celui qui est élu secrètement*). Celui qui a été choisi par voie de suffrages pour remplir de hautes fonctions ecclésiastiques, par exemple un évêque, un abbé. = ELECTUS.

Ὕφασμα, ατος, τό (class. *tissu*). Morceau d'étoffe portant l'image ou simplement le nom de l'un des quatre Évangélistes. Il est fixé par l'évêque, à l'aide du ciment nommé κηρομαστίχη, sur l'un des angles de la table d'un autel, après que celui-ci a été consacré. Naturellement il y a quatre ὑφάσματα, puisque une table d'autel a quatre angles. C'est sur eux que l'on étend la première des nappes appelée κατασάρκιον.

῞Υψωσις, εως, ἡ (class. *action d'élever*). Toute élévation solennelle d'un objet qui a pour but de montrer ce dernier aux assistants, afin qu'ils l'adorent ou le vénèrent. On appelle ainsi particulièrement : 1° l'action par laquelle le prêtre élève, avant la communion, la Sainte Hostie, ῞Αγιος ῎Αρτος, pour la faire adorer par le peuple. = ELEVATIO, *élévation*. — 2° Les quatre élévations successives de la croix faites par le prêtre à l'office de l'aurore du 14 septembre, pendant que les chantres font entendre 400 Κύριε, ἐλέησον. De là vient le nom de la fête de ce jour : ἡ ῞Υψωσις τοῦ τιμίου Σταυροῦ. = EXALTATIO S. CRUCIS, *l'Exaltation de la Sainte Croix.* — 3° L'élévation du pain appelé παναγία (Voy. ce mot).

Φ

Φαιλόνης, ου, ὁ. Voy. φελώνιον.

Φαιλόγιον, ου, τὸ. Voy. φελώνιον.

Φαιλώνιον, ου, τὸ. Voy. φελώνιον.

Φαινόλης, ου, ὁ. Voy. φελώνιον.

Φαινόλιον, ου, τὸ. Voy. φελώνιον.

Φαινώλης, ου, τὸ. Voy. φελώνιον.

Φαινώλιον, ου, τὸ. Voy. φελώνιον.

Φαρισαῖος, ου, ὁ. Le Pharisien. Voy. τελώνης.

Φάσκα, τὸ. Voy. πάσχα.

Φελόνης, ου, ὁ. Voy. φελώνιον.

Φελόνιον, ου, τὸ. Voy. φελώνιον.

Φελώνης, ου, ὁ. Voy. φελώνιον.

Φελώνιον, Φαιλόνιον, Φαιλώνιον, Φαινόλιον, Φαινώλιον, Φελόνιον, Φενόλιον, ου, τὸ, ou **Φαιλόνης, Φαινόλης, Φαινώλης, Φελόνης, Φελώνης, ου, ὁ** (lat. PAENULA ou PENULA, *manteau rond et fermé, dont on se servait dans les voyages*). Vêtement très ample, rond, n'ayant qu'une ouverture au centre pour permettre de passer la tête, et pouvant envelopper tout le corps. Fait d'une étoffe précieuse, de soie ordinairement, il est orné de riches broderies et d'une croix placée sur le dos. Le prêtre, qui seul a le droit de le porter, le met sur tous ses autres ornements sacrés, lorsqu'il doit célébrer le Saint Sacrifice. Mais dans diverses circonstances il le revêt simplement avec l'étole, ἐπιτραχήλιον. = PLANETA, CASULA, CASABULA, *chasuble*.

Φενόλιον, ου, τὸ. Voy. φελώνιον.

Φήμη, ης, ἡ (class. *parole; bruit public; réputation*). Lorsqu'un évêque ou un patriarche célèbre la Messe pontificalement, son nom et ses titres sont annoncés à haute voix aux assistants avant la lecture de l'Épître. C'est la formule de cette proclamation qu'on appelle φήμη. Quelquefois on la désigne par le mot τίτλος.

Φιάλη, ης, ἡ (class. *sorte de vase* ou *de coupe*). Fontaine située devant la porte d'une église, à l'extérieur. Les fidèles s'y lavaient autrefois les mains et

le visage avant d'entrer dans le temple. C'est la vas-
que de cette fontaine qui, par suite de transformations
successives, est devenue le bénitier moderne, ἁγιασματάριον. = CANTHARUS, *bénitier.*

Φῶς, ῶτος, τὸ (class. *lumière*). Τὰ Φῶτα, les Lumières.
Cette expression est l'une de celles par lesquelles on
désigne la fête de l'Épiphanie, τὰ Θεοφάνεια. Cette fête
étant destinée à rappeler et à célébrer le baptême de
Notre-Seigneur, c'était ce jour-là principalement que
les Grecs avaient la coutume de baptiser les catéchumènes. Or, comme le sacrement du baptême, qui
inonde l'âme des lumières de la grâce, est souvent
appelé φώτισμα ou φωτισμός, on comprend pourquoi le
mot synonyme φῶτα est devenu l'un des noms de la
solennité de l'Épiphanie.

Φωταγωγικόν, οῦ, τὸ (class. φωταγωγικός, ή, όν, *propre à éclairer*), s. e. τροπάριον. Tropaire ainsi appelé,
parce qu'il contient les mots φῶς et φώτισον. Voy.
ἐξαποστειλάριον.

Φωτιζόμενοι, ων, οἱ (de φωτίζω, (class. *éclairer*,
eccl. *baptiser*). Τὰ Διακονικὰ τῶν Φωτιζομένων, les Diaconales des Éclairés. On appelle ainsi une prière en
forme de litanies que le diacre récite pendant la Messe
des Présanctifiés, Λειτουργία τῶν Προηγιασμένων, en faveur
des catéchumènes qui vont bientôt recevoir des
lumières nouvelles avec la grâce du baptême. Les
mots φώτισμα, φωτισμός, reviennent plusieurs fois dans
cette prière.

Φώτισμα, ατος, τὸ, ou **Φωτισμός, οῦ, ὁ** (class.
lumière, illumination). On désigne souvent ainsi le
baptême, parce que celui qui reçoit ce sacrement est
illuminé par les lumières de la grâce. Voy. φῶς, βάπτισμα.

Φωτισμός, οῦ, ὁ. Voy. φώτισμα.

Φωτιστήριον, ου, τὸ (eccl. *lieu où le baptême est administré*). Voy. λουτήρ.

X

Χαζράνιον, ου, τὸ (turc خزران et arabe خَيْزُران, *roseau, canne*). Bâton richement orné et moins haut que la crosse que portent les évêques hors de l'église. Il leur sert d'appui et, en même temps, il est un insigne de leur dignité. Ils en font même usage à l'église dans les cérémonies où ils n'officient pas pontificalement.

Χαναναία, ας, ἡ. La Chananéenne. Ἡ κυριακὴ τῆς Χαναναίας, le dimanche de la Chananéenne, le dix-huitième après la fête de la Pentecôte, ainsi appelé parce que ce jour-là on lit à la Messe l'Évangile de S. Mathieu où est rapportée la guérison de la fille de la Chananéenne. Ce dimanche est supprimé lorsque la fête de Pâques tombe le 22 mars.

Χαρτίον, ου, τὸ (class. *petite feuille de papier*). Fragment de parchemin sur lequel est inscrit le procès-verbal de la consécration d'un autel. L'évêque consécrateur le place à l'intérieur de la petite colonne, κίων, qui doit supporter la table de l'autel. Lorsque cette dernière doit reposer sur plusieurs κιόνες, chacune d'elles reçoit un χαρτίον. = CHARTULA, *charte*, *acte de consécration*.

Χαρτουλάριος, ου, ὁ (lat. CHARTULARIUS, *archiviste*,

copiste). Clerc employé comme commis et copiste dans les bureaux d'un officier ecclésiastique.

Χαρτοφύλαξ, ακος, ὁ (class. *archiviste*). Ecclésiastique qui remplit des fonctions très importantes auprès de l'évêque. Il est chargé, entre autres choses, du contentieux, de la discipline, des causes matrimoniales et des archives. Celui qui possède cet office, auprès du patriarche s'appelle Μέγας Χαρτοφύλαξ. = OFFICIALIS, *official ;* CHARTARIUS, *archiviste ;* CANCELLARIUS, *chancelier*.

Χειροτονία, ας, ἡ (class. *extension de la main*). Action de conférer les ordres de l'Église, laquelle consiste principalement dans l'imposition des mains faite à l'ordinand par l'évêque. = ORDINATIO, *ordination*.

Χέρνιϐον, ου, τό. Voy. χερνιϐόξεστον.

Χερνιϐόξεστον, ου, τό (de χέρνιϐον, *bassin pour se laver les mains*, et ξέστης, *petit vase*, mot qui n'est autre que le latin SEXTARIUS, *setier, mesure pour les liquides*). On appelle ainsi l'aiguière et le vase plein d'eau qui servent à l'évêque pour se laver les doigts. C'est le sous-diacre, ὑποδιάκονος, qui est chargé de les lui présenter avec le manuterge, μανδήλιον. Les deux mots dont le terme χερνιϐόξεστον est composé, sont quelquefois écrits séparément : χέρνιϐον καὶ ξέστης. = AQUIMANILE CUM URCEOLO, *aiguière et vase*.

Χερουϐικός, οῦ, ὁ (χερουϐικός, ή, όν, byz. *qui concerné les chérubins, chérubique*), s. e. ὕμνος. Hymne que l'on chante à la Messe pendant la *grande Entrée.* μεγάλη Εἴσοδος. On l'appelle *hymne chérubique*, parce qu'elle commence par ces mots : Οἱ τὰ χερουϐὶμ μυστικῶς εἰκονίζοντες.

Χορός, οὗ, ὁ (class. *chœur, danse accompagnée de chants*). 1° Réunion des chantres, ψάλται. Il y a deux chœurs : celui de droite, δεξιὸς χορός, appelé aussi premier chœur, πρῶτος χορός, et celui de gauche, εὐώνυμος ou ἀριστερὸς χορός, qu'on nomme également deuxième chœur, δεύτερος χορός. Ils sont sous la direction du premier chantre, πρωτοψάλτης. Voy. λαμπαδάριος, δομέστικος. = CHORUS, *chœur*. — 2° Partie de l'église située entre le sanctuaire et la nef, où se tiennent les chantres et les membres du clergé. Elle est entourée de stalles, στασίδια, et, dans les cathédrales, c'est là que se dresse le trône de l'évêque, θρόνος. = CHORUS, *chœur*.

Χοροστασία, ας, ἡ (class. *action de former des chœurs; chœur, danse*). Présence dans le chœur. Οἱ Ἀρχιερεῖς ἱστάμενοι ἐν χοροστασίᾳ, les évêques présents dans le chœur. Ὁσάκις ἂν ἐχοροστάτει ὁ Πατριάρχης, συνεχοροστάτουν αὐτῷ καὶ οἱ Συνοδικοὶ Ἀρχιερεῖς, toutes les fois que le patriarche était présent au chœur, les pontifes composant le synode y étaient présents avec lui.

Χρῖσμα, ατος, τὸ (class. *enduit, tout ce qui sert à oindre*). 1° Action d'oindre dans certaines cérémonies avec une huile sainte, ἅγιον ἔλαιον, avec le Saint-Chrême, ἅγιον Μύρον. = UNCTIO, *onction*. — 2° Celui des sacrements qui donne le Saint-Esprit. L'évêque ou le prêtre l'administre à l'enfant qui vient d'être baptisé, en faisant le signe de la croix avec le Saint-Chrême sur son front, ses yeux, ses narines, sa bouche, ses oreilles, sa poitrine, ses mains et ses pieds. = CONFIRMATIO, *confirmation*.

Χριστούγεννα, ων, τὰ (de Χρίστος, *Christ*, et γέννα, *naissance*). Voy. γέννησις.

Χωνεῖον, ου, τὸ. Voy. χώνιον.

Χωνευτήριον, ου, τὸ (class. *lieu où l'on fond les
métaux*). Piscine. On appelle ainsi le lieu où l'on
jette l'eau des ablutions, celle qui a servi pour baptiser, les cendres des objets bénits qu'on brûle, lorsqu'ils
ne peuvent plus servir, etc. Une église possède habituellement deux piscines. L'une d'elles est placée dans
le sanctuaire, à quelque distance de l'autel, et l'autre
est située dans le narthex, sous la cuve baptismale,
lorsque celle-ci est fixe. Mais cette deuxième piscine
n'existe pas, si la cuve est mobile, car, dans ce cas,
celle-ci est transportée, après chaque baptême, auprès
de la piscine du sanctuaire, dans laquelle on verse son
contenu. Cette piscine du sanctuaire était creusée
autrefois sous l'autel. A la place du mot χωνευτήριον,
les rubriques emploient quelquefois les synonymes
θαλασσίδιον et χωνεῖον ou χωνίον. = PISCINA, SACRARIUM,
PERFUSORIUM, *piscine*.

Χωνίον ou **Χωνεῖον, ου, τὸ** (class. *creuset;* gr. mod.
entonnoir). Voy. χωνευτήριον.

Ψ

Ψαλίδιον ou **Ψαλλίδιον, ου τὸ** (dim. de ψαλίς,
ciseaux). Petite paire de ciseaux dont se servent les
évêques et les abbés pour pratiquer la tonsure dans
les ordinations ou les prises d'habit. = FORFEX, *ciseaux*.

Ψάλλίδιον, ου, τὸ. Voy. ψαλίδιον.

Ψαλμός, οῦ, ὁ (class. *action de faire vibrer la corde*

d'un instrument; air joué sur un instrument à cordes). Cantique composé par David, ou qui lui est attribué. = PSALMUS, *psaume*. — Le recueil des psaumes est appelé ψαλτήριον. Certains psaumes ou groupes de psaumes sont désignés par des noms spéciaux. Voy. ἐξάψαλμος, ἄμωμος, πολυέλεος, πεντη-κοστός.

Ψαλμωδία, ας, ἡ (eccl. *chant d'un psaume*). Action de chanter les psaumes pendant l'office. Les rubriques la désignent habituellement par le mot στιχολογία, qui signifie : récitation de versets. = PSALMODIA, *psalmodie*.

Ψαλτήριον, ου, τό (class. *sorte de harpe; le nébel des Juifs dont on jouait pendant le chant des psaumes*). Recueil des psaumes. = PSALTERIUM, *psautier*.
— A l'origine on chantait les psaumes debout; mais de temps en temps on interrompait la psalmodie et alors on s'asseyait. Le mot καθίσματα servait à désigner ces interruptions, mais peu à peu il finit par être appliqué aux groupes de psaumes qu'elles séparaient. Toutefois on peut dire qu'il a repris sa signification véritable, malgré l'usage détourné qu'on en fait, parce que maintenant on est ordinairement assis pendant la psalmodie. Les καθίσματα du psautier, qui sont au nombre de vingt, sont divisés eux-mêmes en trois stations, στάσεις, composées à leur tour de un à cinq psaumes. Le terme στάσις dont le sens est l'opposé de celui de κάθισμα, prouve clairement que pendant le chant des psaumes on se tenait debout primitivement.

Ψάλτης, ου, ὁ (class. *celui qui joue d'un instrument à cordes*). Clerc qui chante au lutrin, ἀναλογεῖον. L'ordre qui lui est conféré ne paraît pas différer de celui que reçoit le lecteur, ἀναγνώστης. Mais souvent ce sont des laïques qui font l'office de chantres. Voy. χορός, πρωτο-ψάλτης. = CANTOR, *chantre*.

Ψηλάφησις, εως, ἡ (class. *attouchement*). Voy. ἀντίπασχα.

Ψιάθιον, ου, τὸ (class. *petite natte*). Natte étendue sur telle ou telle partie du sol dans une église, par exemple celle qui est placée dans le chœur sous les pieds des chantres.

Ψυχή, ῆς, ἡ. Voy. ψυχοσάββατον.

Ψυχοσάββατον, ου, τὸ (de ψυχή, *âme*, et σάββατον, *samedi*). Le samedi des Ames, c'est-à-dire le samedi veille de la Pentecôte, ainsi appelé parce que ce jour-là on fait la commémoration des fidèles défunts. On le désigne également par l'expression τὸ Σάββατον τῶν ψυχῶν.

Ω

Ὠδή, ῆς, ἡ (class. *chant, cantique, ode, poème lyrique*). 1° On appelle ainsi un chant-d'actions de grâces contenu dans l'Ancien ou dans le Nouveau Testament. Il y a neuf chants ou cantiques de cette sorte, αἱ ἐννέα ᾠδαί, qui ont été introduits dans l'office de l'aurore, ὄρθρος. Ce sont :

1. Le cantique de Moïse. (Ex. xv) : Ἄσωμεν τῷ Κυρίῳ.
2. Le cantique de Moïse (Deut. xxxii) : Πρόσεχε, οὐρανέ.
3. La prière d'Anne, mère de Samuel (Rois, I, ii) Ἐστερεώθη ἡ καρδία μου ἐν Κυρίῳ.
4. La prière d'Habacuc (Hab. iii) : Κύριε, εἰσακήκοα τὴν ἀκοήν σου.

5. La prière d'Isaïe (Is. xxvi) : Ἐκ νυκτὸς ὀρθρίζει τὸ πνεῦμά μου πρὸς σέ.

6. La prière de Jonas (Jon. ii) : Ἐβόησα ἐν θλίψει μου.

7. La prière des Trois Enfants (Dan. iii) : Εὐλογητὸς εἶ, Κύριε.

8. L'hymne des Trois Enfants (Dan. iii) : Εὐλογεῖτε, πάντα τὰ ἔργα Κυρίου.

9. Le cantique de la Sainte-Vierge (Luc. i) : Μεγαλύνει ἡ ψυχή μου, auquel on ajoute la prière de Zacharie (Luc. i) : Εὐλογητὸς Κύριος.

Comme on le voit par les titres de ces chants, ceux-ci sont désignés soit par le mot *cantique*, ᾠδή, soit par le mot *prière*, προσευχή, soit enfin par le mot *hymne* ὕμνος, qui correspondent aux noms qui leur sont don-nés dans le texte hébreu. Le deuxième de ces canti-ques ne se dit que pendant le Carême, temps de pénitence et de tristesse, parce qu'au lieu d'être un joyeux chant de reconnaissance, il ne contient que de terribles menaces adressées par Dieu aux Israélites, dont il prévoyait les infidélités. — 2° Cantique qui entre dans la composition d'un canon, κανών, et que l'hymnographe, son auteur, a modelé avec plus ou moins de précision sur l'un des cantiques scripturaires cités plus haut. Voy. κανών. — 3° Ὠδὴ τῶν Ἀναβαθμῶν. Voy. Ἀναβαθμοί.

Ὠμοφόριον, ου, τὸ (de ὦμος, *épaule*, et φέρω, *por-ter*). Large et longue bande d'étoffe de soie, richement brodée et ornée de croix grecques, qui se porte autour du cou et dont les extrémités retombent l'une par der-rière sur les épaules, et l'autre par devant jusqu'aux genoux. Cet insigne qui était réservé autrefois aux patriarches et aux métropolitains a fini par être con-cédé à tous les évèques. = PALLIUM, *pallium*.

Ὥρα, ας, ἡ (class. *saison; époque; heure*). Αἱ Ὧραι, les Heures. On appelle ainsi les quatre Heures cano-niales de l'Office diurne. Certains jours, comme la veille de Noël, le jour de l'Épiphanie, etc., elles ont une forme spéciale et sont plus longues que d'habitude : on les nomme alors les Grandes Heures, αἱ Μεγάλαι Ὧραι. = HORÆ DIURNÆ, *heures diurnes;* HORÆ MINORES, *petites heures.* — Ces quatre heures sont les suivantes : 1° Ὥρα Πρώτη, première heure, c'est-à-dire *Prime,* PRIMA; 2° Ὥρα Τρίτη, troisième heure, c'est-à-dire *Tierce,* TERTIA; 3° Ὥρα ἕκτη, sixième heure, c'est-à-dire *Sexte,* SEXTA; 4° Ὥρα ἐννάτη, neu-vième heure, c'est-à-dire *None,* NONA. — Le mot composé Τριθέκτη est quelquefois employé pour dési-gner la troisième et la sixième heure, tierce et sexte.

Ὡραῖος, α, ον (class. *gracieux, élégant, beau*). Ἡ ὡραία πύλη, la belle porte. On appelait ainsi autrefois la porte conduisant du narthex, νάρθηξ, d'une église, dans la nef, ναός. La richesse de ses décorations lui avait fait donner ce nom. Aujourd'hui cette expression est généralement employée pour désigner la porte centrale de l'iconostase, τέμπλον, par laquelle on peut passer de la nef dans le sanctuaire, ἱερατεῖον, de sorte qu'elle est devenue synonyme de cette autre expres-sion : ἡ ἁγία θύρα, la porte sainte. Voy. θύρα, βασιλικός, βηλόθυρον.

Ὡράριον, ου, τὸ (du lat. ORARIUM, *linge pour essuyer le visage, mouchoir, bordure,* ou de ORARE, *prier, parler,* ou de ὥρα, *soin, attention*), ou **Ὡράριον, ου, τὸ** (de ὡραῖος, *beau,* ou de ὥρα, *heure,* ou de ὁρῶ, *observer*). Longue et étroite bande d'étoffe de soie, ornée de broderies, que le diacre porte sur l'épaule gauche. Les liturgistes ne sont nullement

d'accord sur les motifs qui lui ont fait donner ce nom.
= STOLA, *étole*.

'**Ωρολόγιον, υ, τὸ** (class. *cadran*, *horloge*). 1° Livre
liturgique contenant l'ordinaire de l'office canonial,
ἀκολουθία, le calendrier ecclésiastique avec les ἀπολυτίκια et κοντάκια de chaque jour, et enfin un certain
nombre de κανόνες. = BREVIARIUM, *bréviaire*. —
2° Horaire, c'est-à-dire tableau indiquant les jours et
les heures où doivent avoir lieu certaines cérémonies.

ADDITIONS

—

'**Ομφαλός, οὖ, ὁ** (class. *nombril, centre*). Partie
centrale d'une église, c'est-à-dire l'endroit situé à
peu près au milieu du chœur, en face de la Porte Sainte
du Sanctuaire.

Παρεκκλησιάρχης, ου, ὁ (de παρά, *auprès de*, et
ἐκκλησιάρχης, *cérémoniaire*). Ecclésiastique immédiatement au-dessous de l'ἐκκλησιάρχης, et le remplaçant
dans certaines circonstances.

Χύμα (class. χύμα, ατος, τὸ, *ce que l'on verse, courant
d'eau*). Ce mot devenu adverbe signifie dans les
rubriques : *avec une voix non modulée*, c'est-à-
dire, en quelque sorte, *avec une voix qui coule régu-
lièrement comme un liquide*. Il est donc opposé à
μετὰ μέλους, et a le même sens que ἄνευ μέλους. Λέγο-
μεν τοὺς στίχους χύμα, *nous récitons les versets*.

TABLE

DES NOMS LATINS ET FRANÇAIS

DONNÉS COMME ÉQUIVALENTS

DE CERTAINS TERMES LITURGIQUES GRECS

(Le signe = renvoie dans le Dictionnaire aux mots sous lesquels il faut chercher les expressions grecques qui correspondent aux termes français ou latins.)

A

Abbas = Ἡγούμενος.
Abbatia = Μονή.
Abbaye = Μονή.
Abbé = Ἡγούμενος.
Abside = Κόγχη.
Absis = Κόγχη.
Absolutio = Συγχώρησις.
Absolution = Συγχώρησις.
Acolythe = Ἀναγνώστης, κουδο-κλης.
Acolythus = Ἀναγνώστης, κουδού κλης.
Acta martyrii = Μαρτύριον.
Acte de consécration = Χαρτίον.
Action de grâces = Εὐχαριστία.
Agenouillement = Γονυκλισία.
Aiguière = Χερνιβόξεστον.
Alba = Στιχάριον.
Albis (*dominica in*) = Ἀντίπασχα.
Alleluia = Ἀλληλούϊα.
Altare = Τράπεζα.
Altare portatile = Ἀντιμήνσιον.
Ambo = Ἄμβων.
Ambon = Ἄμβων.

Ampoule = Ἀλάβαστρον.
Ampulla = Ἀλάβαστρον.
Analogie = Τρισκέλιον.
Analogium = Τρισκέλιον.
Anathema = Ἀνάθεμα, ἀναθεμά-τισμα.
Anathématisme = Ἀνάθεμα, ἀνα-θεμάτισμα.
Anathème = Ἀνάθεμα, ἀναθεμά-τισμα.
Ange = Ἀσώματος.
Angelus = Ἀσώματος.
Anneau = Δακτύλιος.
Anniversaire = Ἐνιαύσια.
Anniversarium = Ἐνιαύσια.
Annonciation = Εὐαγγελισμός.
Annulus = Δακτύλιος.
Annunciatio = Εὐαγγελισμός.
Antienne = Ἀντίφωνον.
Antiphona = Ἀντίφωνον.
Apostolus = Ἀπόστολος.
Apôtre = Ἀπόστολος.
Aqua benedicta = Ἁγίασμα.
Aquimanile = Χερνιβόξεστον.

Archevêque = Ἀρχιεπίσκοπος.

Archidiaconus = Ἀρχιδιάκονος.

Archidiacre = Ἀρχιδιάκονος.

Archidiocèse = Ἀρχιεπισκοπή.

Archidiœcesis = Ἀρχιεπισκοπή.

Archiépiscopat = Ἀρχιεπισκοπεία.

Archiepiscopatus = Ἀρχιεπισκεία.

Archiepiscopus = Ἀρχιεπίσκοπος.

Archipresbyter = Πρωτοιερεύς.

Archiprêtre = Πρωτοιερεύς.

Archiviste = Χαρτοφύλαξ.

Ascensio = Ἀνάληψις.

Ascension = Ἀνάληψις

Aspersio = Ῥαντισμός.

Aspersion = Ῥαντισμός.

Aspersoir = Ἁγιαστήρα.

Aspersorium = Ἁγιαστήρα.

Assomption = Κοίμησις.

Assumptio = Κοίμησις.

Asteriscus = Ἀστήρ.

Astérisque = Ἀστήρ.

Aube = Στιχάριον.

Aumônier = Νουμοδότης.

Autel = Τράπεζα.

Autel portatif = Ἀντιμήνσιον.

B

Baculus pastoralis = Ῥάβδος, ποιμαντικός.

Baiser = Ἀσπασμός.

Baldaquin = Κιβώριον.

Banc d'œuvre = Παγκάριον.

Baptême = Βάπτισμα.

Baptisma = Βάπτισμα.

Baptistère = Λουτήρ.

Baptisterium = Λουτήρ.

Barbæ detonsio = Πωγωνοκουρία.

Barrette = Σκοῦφος, καλυμαύχιον, σκουφάλιον.

Base = Κίων.

Bâton pastoral = Ῥάβδος, ποιμαντικός.

Béatitudes = Μακαρισμοί.

Beatitudines = Μακαρισμοί.

Benedictio = Εὐχή, εὐλόγησις, εὐλογία.

Benedictio aquæ = Ἁγιασμός.

Benedictio mensæ = Τράπεζα.

Bénédiction = Εὐχή, εὐλόγησις, εὐλογία.

Bénédiction de l'eau = Ἁγιασμός.

Bénédiction nuptiale = Στεφάνωμα.

Bénitier = Ἁγιασματάριον.

Bigame = Δίγαμος.

Bigamus = Δίγαμος.

Birretum = Σκοῦφος, σκουφάλιον, καλυμαύχιον.

Bon Pasteur (dimanche du) = Μυροφόροι.

Bougeoir = Διβάμβουλον.

Bréviaire = Ὡρολόγιον.

Breviarium = Ὡρολόγιον.

Bugia = Διβάμβουλον.

Buis = Βαΐον.

Bulla = Πιττάκιον.

Bulle = Πιττάκιον.

C

Cadaver = Λείψανον.

Cæremonarius = 'Εκκλησιάρχης, τυπικάρης.

Cæremonia = Τελετή.

Cæremoniale = Τυπικόν.

Calendarium = Μηνολόγιον.

Calendrier = Μηνολόγιον.

Calice = Ποτήριον.

Calix = Ποτήριον.

Campana = Καμπάνα.

Campanarium = Καμπανάριον.

Campanile = Καμπανάριον.

Cancel = Τέμπλον.

Cancellarius = Χαρτοφύλαξ, λογοθέτης.

Cancelli = Τέμπλον.

Candélabre = Πολυκήριον.

Candelabrum = Πολυκήριον, μανουάλιον, λυχνία, κηροστάτης.

Candelerium = Πολυκήριον, μανουάλιον, λυχνία, κηροστάτης.

Canne = 'Ράβδος.

Cantharus = Φιάλη, άγιασματάριον.

Canticum = 'Ωδή.

Cantique = 'Ωδή.

Cantor = Ψάλτης.

Cantus planus = Μουσική.

Capella = Παρεκκλήσιον.

Capellanus = 'Εφημέριος.

Capitium = Κόγχη.

Cappa = Μανδύας.

Capuce = Κουκούλλιον.

Capuchon = Κουκούλλιον.

Caputio = Κουκούλλιον.

Caputium = Κουκούλλιον.

Carême = Τεσσαρακοστή, νηστεία.

Casabula = Φελώνιον.

Casula = Φελώνιον.

Catéchisme = Κατήχησις.

Catechismus = Κατήχησις.

Catechista = Κατηχητής.

Catéchiste = Κατηχητής.

Catéchumène = Κατηχούμενος.

Catechumenus = Κατηχούμενος.

Cathedra = Θρόνος.

Cathédrale = 'Εκκλησία.

Cathedralis = 'Εκκλησία.

Ceinture = Ζώνη.

Celebrans = 'Ιερουργός, λειτουργός, τελετουργός.

Célébrant = 'Ιερουργός, λειτουργός, τελετουργός.

Cellarius = Κελλάριος.

Cellerier = Κελλάριος.

Cellula = Κελλίον.

Cellule = Κελλίον.

Cène = Νιπτήρ.

Cérémoniaire = 'Εκκλησιάρχης, τυπικάρης.

Cerémonial = Τυπικόν.

Cérémonie = Τελετή.

Cereostatum = Κηροστάτης.

Cereus = Κηρίον, λαμπάς.

Ceroféraire = 'Αναγνώστης, λαμπαδοῦχος.

Ceroferarium = Κηροστάτης, μανουάλιον.

Ceroferarius = 'Αναγνώστης, λαμπαδοῦχος.

Chaire = "Αμβων, θρόνος.

Chancelier = Χαρτοφύλαξ, λογοθέτης.

Chandelier = Κηροστάτης, λυχνία, μανουάλιον.

Chantre = Ψάλτης.

Chapeau = Καλυμαύχιον.

Chapelain = Έφημέριος.

Chapelle = Παρεκκλήσιον.

Chapelle (maître de) = Πρωτοψάλτης.

Chappe = Μανδύας.

Chartarius = Χαρτοφύλαξ.

Charte = Χαρτίον.

Chartula = Χαρτίον.

Chasuble = Φελώνιον.

Chevet = Κόγχη.

Chirotheca = Έπιμανίκιον.

Chœur = Χορός.

Chômage = Άργία.

Chorus = Χορός.

Chrême = Έλαιον, μύρον.

Chrisma = Έλαιον, μύρον.

Ciboire = Άρτοφόριον.

Ciborium = Κιβώριον.

Cierge = Κηρίον, λαμπάς.

Ciment = Κηρομαστίχη.

Cimetière = Κοιμητήριον.

Cingulum = Ζώνη.

Circoncision = Περιτομή.

Circumcisio = Περιτομή.

Clava = Ῥάβδος.

Clerc = Κληρικός.

Clergé = Ἱερατεῖον, κλῆρος.

Clerici = Ἱερατεῖον, κλῆρος.

Clericus = Κληρικός.

Clerus = Κλῆρος.

Cloche = Καμπάνα.

Clocher = Καμπανάριον.

Cœmentum = Κηρομαστίχη.

Cœmeterium = Κοιμητήριον.

Cœna = Πέμπτη.

Cœnobium = Κοινόβιον.

Collecta = Συναπτή.

Collecte = Συναπτή.

Colonne = Κίων.

Columella = Κίων.

Columna = Κίων.

Commémoraison = Μνήμη.

Commemoratio = Μνήμη.

Commémoration = Μνήμη.

Commixtio = Ένωσις.

Commixtion = Ένωσις.

Commun des Saints = Άνώνυμοι.

Communauté = Άδελφότης.

Commune Sanctorum = Άνώνυμοι.

Communio = Μετάληψις, κοινωνία.

Communion = Μετάληψις, κοινωνία.

Completorium = Άπόδειπνον.

Complies = Άπόδειπνον.

Concelebrans = Συλλειτουργός.

Concélébrant = Συλλειτουργός.

Concelebratio = Συλλείτουργον.

Concélébration = Συλλείτουργον.

Conceptio = Σύλληψις.

Conception = Σύλληψις.

Concha = Κόγχη.

Conclusio = Έκφώνησις.

Conclusion = Έκφώνησις.

Confessarius = Έξαγορευτής.

Confesseur = Έξαγορευτής, ὁμολογητής.

Confessio = Έξομολόγησις.

Confession = Έξομολόγησις.

Confessor = ὁμολογητής.

Confirmatio = Χρίσμα.

Confirmation = Χρίσμα.

Confraternitas = Άδελφότης.

Confrérie = Άδελφότης.

Congregatio = Άδελφότης.

Congrégation = Άδελφότης.

Consecratio = Έγκαίνια, ἐνθρονισμός, εὐλογία.

Consécration = 'Εγκαίνια, ἐνθρονισμός, εὐλογία.
Corona = Πολυκάνδηλον.
Corporal = Εἱλητόν.
Corporale = Εἱλητόν.
Corps = Λείψανον.
Coupole = Θόλος.
Couronne de lumières = Πολυκάνδηλον.
Cours = 'Ακολουθία.
Couvent = Μονή, κοινόβιον.
Crédence = Πρόθεσις.
Credentia = Πρόθεσις.
Croix = Σταυρός, σφραγίς.
Croix (adoration de la) = Σταυροπροσκύνησις.
Crosse = 'Ράβδος.
Crucifix = 'Εσταυρωμένος.

Crucifixus = 'Εσταυρωμένος.
Crucis adoratio = Σταυροπροσκύνησις.
Crux = Σταυρός, σφραγίς.
Cubicularius = Κουβούκλης.
Cuculla = Κουκούλλιον.
Cucullum = Κουκούλλιον.
Cure = 'Εφημερία, κελλίον.
Curé = 'Εφημέριος, πρωτοιερεύς, προϊστάμενος.
Curia = 'Εφημερία, κελλίον.
Curseur = 'Ρεφερενδάριος.
Cursor = 'Ρεφερενδάριος.
Cursus = 'Ακολουθία.
Custode = 'Αρτοφόριον.
Custodia = 'Αρτοφόριον.
Cuve baptismale = Λουτήρ.

D

Dalmatica = Στιχάριον.
Dalmatique = Στιχάριον.
Deambulatorium = "Εμβολος.
Decollatio = 'Αποτομή.
Décollation = 'Αποτομή.
Dédicace = 'Εγκαίνια.
Dedicatio = 'Εγκαίνια.
Defunctorum (officium) = Μνημόσυνον.
Defunctus = Λείψανον.
Défunt = Λείψανον.
Deipara = Θεοτόκος.
Diaconat = Διακονία.
Diaconatus = Διακονία.
Diaconus = Διάκονος.
Diacre = Διάκονος.
Dignitas = 'Αξίωμα.

Dignité = 'Αξίωμα.
Dimanche = Κυριακή.
Diocèse = 'Επισκοπή.
Diœcesis = 'Επισκοπή.
Directeur = Πνευματικός.
Director = Πνευματικός.
Dôme = Θόλος.
Domina = Δέσποινα.
Dominica = Κυριακή.
Dominica (oratio) = Κυριακός.
Dominus = Δεσπότης.
Dons = Δῶρα.
Dormitio = Κοίμησις.
Dormition = Κοίμησις.
Doxologia = Δοξολογία.
Doxologie = Δοξολογία.

12

E

Eau bénite = Ἁγίασμα.
Ecclesia = Ἐκκλησία.
Ecclesiasticus= Ἐκκλησιαστικός.
Ecclésiastique = Ἐκκλησια-
στικός.
Econome = Οἰκονόμος.
Église = Ἐκκλησία.
Electus = Ὑποψήφιος.
Eleemosynarius = Νουμοδότης.
Elevatio = Ὕψωσις.
Élévation = Ὕψωσις.
Employé d'église = Ὑπηρέτης.
Encens = Θυμίαμα.
Encensoir = Θυμιατήριον.
Enfant de chœur = Κανονάρχης.
Enterrement = Ἐξοδιαστικόν.
Epacta = Ἐπακτή.
Épacte = Ἐπακτή.
Epiphania = Θεοφάνεια.
Épiphanie = Θεοφάνεια.
Episcopus = Ἐπίσκοπος.
Epistola = Ἐπιστολή, ἀπόστολος.

Epistolarium = Ἀπόστολος.
Épistolier = Ἀπόστολος.
Épître = Ἐπιστολή, ἀπόστολος.
Épouse = Νύμφη.
Époux = Νυμφίος.
Étole = Ἐπιτραχήλιον, ὡράριον.
Eulogia = Ἀντίδωρον.
Evangelista = Εὐαγγελιστής.
Évangéliste = Εὐαγγελιστής.
Evangelium = Εὐαγγέλιον.
Éventail = Ῥιπίδιον.
Évêché = Ἐπισκοπή, ἐπισκοπεῖον,
ἐπισκοπικός.
Évêque = Ἐπίσκοπος.
Exaltatio = Ὕψωσις.
Exaltation = Ὕψωσις.
Excommunicatio = Ἀφορισμός.
Excommunication=Ἀφορισμός.
Exorcisme = Ἐξορκισμός.
Exorcismus = Ἐξορκισμός.
Exsequiæ = Ἐξοδιαστικόν, νεκ-
ρώσιμος.

F

Fabricerius = Ἐπίτροπος.
Fabricien = Ἐπίτροπος.
Faldistoire = Παραθρόνιον.
Faldistorium = Παραθρόνιον.
Feria = Δευτέρα, τρίτη, τετάρτη,
πέμτη, παρασκευή, καθημερινή.
Férie = Δευτέρα, τρίτη, τετάρτη,
πέμτη, παρασκευή, καθημερινή.
Festa dies — Ἑορτάσιμος.

Festivitas = Πανήγυρις.
Festivité = Πανήγυρις.
Festum = Ἑορτή.
Fête = Ἑορτή.
Fiançailles = μνήστρα.
Fille d'honneur = Σύντεχνος.
Flabellum = Ῥιπίδιον.
Fons baptismatis = Λουτήρ.
Fonts baptismaux = Λουτήρ.

Forfex = Ψαλίδιον.
Fractio hostiæ = Μελισμός.
Fraction de l'hostie = Μελισμός.
Fragment = Λείψανον.

Fragmentum = Λείψανον.
Frater = 'Αδελφός.
Frère = 'Αδελφός
Fumigatorium = Θυμιατήριον.
Funérailles = 'Εξοδιαστικόν.

G

Galerie = "Εμβολος.
Gant = 'Επιμανίκιον.
Garçon d'honneur = Σύντεκνος.
Geniculatio = Γονυκλισία.
Génuflexion = Μετάνοια
Goupillon = 'Αγιαστήρα.

Graduale = Προχείμενον.
Graduales (psalmi) = 'Αναβαθμοί.
Graduel = Προχείμενον.
Graduels (psaumes) = 'Αναβαθμοί.

H

Hebdomadarius = 'Εφημέριος.
Hebdomas = 'Εβδομάς.
Heures canoniales = 'Ακολουθία.
Homilia = Λόγος.
Homélie = Λόγος.
Hora = "Ωρα.

Hostia = Προσφορά, μερίς, ἄρτος.
Hostie = Προσφορά, μερίς, ἄρτος.
Huile = "Ελαιον.
Hymne = "Υμνος.
Hymnus = "Υμνος.

I

Incathedratio = 'Ενθρονισμός.
Incensorium = Θυμιατήριον.
Incensum = Θυμίαμα.
Inclinatio = Προσκύνημα.
Inclination = Προσκύνημα
Indictio = 'Ινδικτιών.
Indiction = 'Ινδικτιών.

Instruction = Λόγος
Introït = Εἴσοδος.
Introitus. = Εἴσοδος.
Inthronisatio = 'Ενθρονισμός.
Intronisation = 'Ενθρονισμός.
Inventio = Εὕρεσις.
Invention = Εὕρεσις.

J

Jejunium = Νηστεία, τεσσαρακοστή.
Jeudi-Saint = Πέμτη.

Jeûne = Νηστεία, τεσσαρακοστή.
Juramentum = Ὁμολογία.

L

Lai = Ἰδιώτης.
Laicus = Λαϊκός.
Laïque = Λαϊκός.
Laudes = Ὄρθρος.
Laudes matutinæ = Ὄρθρος.
Laudes vespertinæ = Ἑσπερι-
νός.
Lavement des pieds = Νιπτήρ.
Leçon = Ἀνάγνωσμα.
Lecteur = Ἀναγνώστης.
Lectio = Ἀνάγνωσις, ἀνάγνωσμα.
Lector = Ἀναγνώστης.
Lectrinum = Ἀναλογεῖον.
Lectrum = Ἀναλογεῖον.
Lecture = Ἀνάγνωσις.

Légat = Ἔξαρχος.
Legatus = Ἔξαρχος.
Legile = Τρισκέλιον.
Lettre pastorale = Πιττάκιον.
Liber = Βιβλίον.
Linteum = Σάβανον.
Litania = Αἴτησις, συναπτή, ἐκτε-
νής.
Litanies = Αἴτησις, συναπτή, ἐκτε-
νής.
Livre = Βιβλίον.
Lucernaire = Λυχνικόν.
Lucernarium = Λυχνικόν.
Lustre = Πολυκάνδηλον.
Lutrin = Ἀναλογεῖον.

M

Mandatum = Νιπτήρ, πιττάκιον·
Mandement = Πιττάκιον.
Mantilium = Μανδήλιον.
Manuel de piété = Σύνοψις, προ·
σευχητάριον.
Manuterge = Μανδήλιον.
Manutergium = Μανδήλιον.
Mappa = Ἄμφιον.
Mardi Saint = Τρίτη.

Marguillier = Ἐπίτροπος
Mariage = Γάμος, στεφάνωμα.
Martyr = Μάρτυς.
Martyr = Μάρτυς.
Martyrologe = Μαρτύριον, μηνο-
λόγιον, συναξάριον.
Martyrologium = Μαρτύριον,
μηνολόγιον, συναξάριον.
Masse = Ῥάβδος.

Matines = Μεσονυκτικόν.

Matricularius = Ἐπίτροπος.

Matrimonium = Γάμος, στεφάνωμα.

Matutinum = Μεσονυκτικόν.

Mémoire = Μνήμη·

Mercredi Saint = Τετάρτη.

Mère de Dieu = Θεοτόκος.

Messe = Λειτουργία.

Métropole = Μητρόπολις.

Metropolis = Μητρόπολις.

Métropolitain = Μητροπολίτης, μητροπολιτικός.

Metropolitanus = Μητροπολίτης, μητροπολιτικός.

Mi-Carême = Μεσονήστιμος.

Missa = Λειτουργία.

Missale = Εὐχολόγιον, λειτ:υ? γία.

Missel = Εὐχολόγιον, λειτουργί κ.

Mitra = Μίτρα.

Mitre = Μίτρα.

Mode = Ἦχος·

Modulus = Τροπάριον.

Modus = Ἦχος.

Moine = Μοναχός.

Monachus = Μοναχός.

Monastère = Μονή, κοινόβιον.

Monasterium = Μονή, κοινόβιον.

Monialis = Μοναχή.

Monsieur = Δεσπότης.

Morts (office des) = Μνημόσυνον.

N

Nappe = Ἄμφιον.

Narthex = Νάρθηξ.

Nativitas = Γέννησις.

Nativité = Γέννησις.

Navette = Λιβανωτρίς.

Navicula = Λιβανωτρίς.

Navis = Ναός.

Nef = Ναός.

Nocturne = Μεσονυκτικόν.

Nocturnum = Μεσονυκτικόν.

Noël = Γέννησις.

Nona = Ὥρα.

Nonce = Ῥεφερενδάριος.

None = Ὥρα.

Notre-Dame = Δέσποινα.

Novice = Ἀρχάριος.

Novicius = Ἀρχάριος.

Nuncius = Ῥεφερενδάριος.

O

Oblata = Δῶρα.

Oblatio = Προσφορά, προσκομιδή.

Oblation = Προσφορά, προσκομιδή.

Oblats = Δῶρα.

Occurrence = Σύμπτωσις.

Occurrentia = Σύμπτωσις.

Octava = Ἀπόδοσις.

Octavam (dies infra) = Μεθέορτος.

Octave = Μεθέορτος.

Œconomus = Οἰκονόμος.

Offerenda = Προσφορά.

12

Office = 'Ακολουθία, τελετή, όφφί-
χιον.
Official = Χαρτοφύλαξ.
Officialis = Χαρτοφύλαξ, όφφικιά-
λος.
Officiant = Ίερουργός, λειτουργός,
τελετουργός.
Officier = 'Οφφικιάλος.
Officium = 'Ακολουθία, τελετή,
όφφίκιον.
Offrande = Προσφορά.
Oleum = Έλαιον.
Olivæ (ramus) = Βαίον.
Olivier (branche d') = Βαίον.
Onction = Χρίσμα.

Onction (extrême) = Εὐχέλαιον.
Oraison = Εὐχή.
Oratio = Εὐχή.
Oratoire = Παρεκκλήσιον.
Oratorium = Παρεκκλήσιον.
Ordinatio = Χειροτονία, ίερωσυνή.
Ordination = Χειροτονία, ίερω-
συνή.
Ordo = Τάξις, διάταξις, τύπος,
ίεροσυνή.
Ordre = Τάξις, διάταξις, τύπος,
ίεροσυνή.
Osculum = 'Ασπασμός.
Ostiarus = 'Οστιάριος, πυλω-
ρός.

P

Pain = Άρτος.
Pain bénit = 'Αντίδωρον.
Palais épiscopal = 'Επισκοπείον.
Palais patriarcal = Πατριαρ-
χείον.
Palla = Κάλυμμα.
Palle = Κάλυμμα.
Pallium = 'Ωμοφόριον.
Palmæ (ramus) = Βαίον.
Palmier (feuille de) = Βαίον.
Palmi (dominica in) = Βαίον.
Papa = 'Αρχιερεύς, πάπας.
Pape = 'Αρχιερεύς, πάπας.
Pâques = Πάσχα.
Pâques (semaine de) = Διακαινή-
σιμος.
Pâques fleuries = Βαίον.
Paradis = Κουβούκλιον.
Parasceve = Παρασκευή.
Parelle = Μερίς.
Parochia = 'Ενορία.

Parochianus = 'Ενορίτης.
Parochus = Πρωτοιερεύς, έφη-
μέριος.
Paroisse = 'Ενορία.
Paroissien = 'Ενορίτης, 'Εγκόλ-
πιον, σύνοψις.
Parrain = 'Ανάδοχος.
Particula = Μερίς.
Particule = Μερίς.
Pascha = Πάσχα.
Paschæ (octava) = Διακαινήσιμος.
Passion (dimanche de la) = Νηστ-
τεία.
Patena = Δίσκος.
Patène = Δίσκος.
Pater = Παπάς.
Patriarcha = Πατριάρχης.
Patriarcat = Πατριαρχεία.
Patriarchatus = Πατριαργεία.
Patriarche = Πατριάρχης.
Patrinus = 'Ανάδοχος.

Patron = Ἅγιος.

Patronus =: Ἅγιος.

Pénitence = Ἐπιτίμιον, μετάνοια.

Pénitent = Ἐξομολογούμενος.

Pénitenticl = Πίναξ.

Pentecoste = Πεντηκοστή.

Pentecôte = Πεντηκοστή.

Père = Παπᾶς.

Père (le Saint) = Πάπας.

Perfusorium = Χωνευτήριον.

Peuple = Λαός.

Pierre d'autel = Ἀντιμήνσιον.

Pileolus = Σκουφάλιον.

Pileus = Καλυμαύχιον.

Piscina =Χωνευτήριον.

Piscine = Χωνευτήριον.

Plain-chant = Μουσική.

Planeta = Φελώνιον.

Pluvial = Μανδύας.

Pluviale = Μανδύας.

Pœnitens = Ἐξομολογούμενος.

Pœnitentia =Ἐπιτίμιον, μετάνοια·

Pœnitentiale = Πίναξ.

Pontife = Ἀρχιερεύς, ἱεράρχης.

Pontifex = Ἀρχιερεύς, ἱεράρχης.

Pontifical = Εὐχολόγιον.

Pontificale = Εὐχολόγιον.

Populus = Λαός.

Portier = Ὀστιάριος, πυλωρός.

Præcentor = Πρωτοψάλτης.

Præcursor = Πρόδρομος.

Prædicator = Κήρυξ.

Præsentatio = Εἴσοδος.

Precatio = Εὐχή.

Préchantre = Πρωτοψάλτης.

Précurseur = Πρόδρομος.

Prédicateur = Κήρυξ.

Présanctifiés = Προηγιασμένα.

Presbyter = Πρεσβύτερος.

Presbytère = Κελλίον.

Présentation = Εἴσοδος.

Président du chœur = Προεστώς

Prêtre = Ἱερεύς, πρεσβύτερος.

Prêtrise = Ἱερωσίνη.

Prière = Εὐχή.

Prima = Ὥρα

Primas = Πρωτόθρονος.

Primat = Πρωτόθρονος.

Prime = Ὥρα.

Primicerius = Πριμιχήριος.

Primicier = Πριμιχήριος.

Processio = Εἴσοδος, λιτανεία.

Procession = Εἴσοδος, λιτανεία.

Profession de foi = Ὁμολογία.

Pronaus = Λόγος.

Prône = Λόγος.

Propheta = Προφήτης.

Prophète = Προφήτης

Protonotaire = Πρωτονοτάριος.

Protonotarius = Πρωτονοτάριος.

Province ecclésiastique=Ἀρχι-
επισκοπή, ἐπαρχία.

Provincia ecclesiastica = Ἀρχιεπισκοπή, ἐπαρχία.

Psalmodia = Ψαλμῳδία, στιχολογία.

Psalmodie = Ψαλμῳδία, στιχολογία.

Psalmus = Ψαλμός.

Psalterium = Ψαλτήριον.

Psaume = Ψαλμός.

Psautier = Ψαλμήριον.

Pulpitum = Ἄμβων.

Purificatio = Ὑπαπαντή

Purification = Ὑπαπαντή.

Purificatoire = Μοῦσα, σπόγγος.

Purificatorium = Μοῦσα, σπόγγος·

Pyxis = Ἀρτοφόριον.

S

Q

Quadragesima = Τεσσαρακοστή, νηστεία.
Quadragésime = Τεσσαρακοστή, νηστεία.

Quasimodo (dimanche de) = 'Αντίπασχα.
Quinquagesima = Τυρινή.
Quinquagésime = Τυρινή, τυροπόθεσις.

R

Rameaux (dimanche des) = Βαΐον.
Reclinatorium = Δεκανίκιον.
Regularis (sacerdos) = Ἱερομόναχος.
Régulier (prêtre) = Ἱερομόναχος.
Religieuse = Μοναχή.
Religieux = Μοναχός.
Relique = Λείψανον.
Reliquiæ = Λείψανον.
Repositorium = Κουβούκλιον.

Reposoir = Κουβούκλιον.
Resurrectio = Πάσχα.
Résurrection = Πάσχα.
Révérence = Προσκύνημα.
Rite = Τάξις, διάταξις, τύπος, τελετή.
Rituale = Εὐχολόγιον.
Rituel = Εὐχολόγιον.
Ritus = Τάξις, διάταξις τύπος, τελετή.
Rogationes = Ἱκεσία.
Rogations = Ἱκεσία.

S

Sabbatum = Σάββατον.
Sacerdoce = Ἱερωσυνή, πρεσβυτέριον, ἱερατεῖον.
Sacerdos = Ἱερεύς, πρεσβύτερος.
Sacerdotium = Ἱερωσυνή, πρεσβυτέριον, ἱερατεῖον.
Sacramentarium = Εὐχολόγιον.
Sacramentum = Μυστήριον.
Sacrarium = Χωνευτήριον, σκευοφυλάκιον.
Sacrement = Μυστήριον.

Sacrista = Σκευοφύλαξ, ἐκκλησιάρχης.
Sacristain = Σκευοφύλαξ, ἐκκλησιάρχης.
Sacristarius = Σκευοφύλαξ.
Sacriste = Σκευοφύλαξ, ἐκκλησιάρχης.
Sacristia = Σκευοφυλάκιον.
Sacristie = Σκευοφυλάκιον.
Sæcularis = Κοσμικός.
Salut = Προσκύνημα

Samedi = Σάββατον.

Sanctuaire = Ἱερατεῖον.

Sanctuarium = Ἱερατεῖον.

Sanctus = Ἅγιος.

Sandale = Σάνδαλον.

Sandalium = Σάνδαλον.

Scapulaire = Ἀνάλαβος.

Scapularium = Ἀνάλαβος.

Secreta = Προσκομιδή.

Secrétaire = Ἀρχιγραμματεύς, ὑπομνηματογράφος.

Secretarium = Σκευοφυλάκιον.

Secretarius = Ἀρχιγραμματεύς, ὑπομνηματογράφος.

Secrète = Προσκομιδή.

Sedes = Θρόνος.

Seigneur = Δεσπότης, δεσποτικός.

Semaine = Ἑβδομάς.

Séminaire = Ἱερατικός.

Seminarium = Ἱερατικός.

Septuagesima = Ἄσωτος.

Septuagésime = Ἄσωτος.

Sépulture = Ἐξοδιαστικόν, νεκρώσιμος.

Sermo = Λόγος.

Sermon = Λόγος.

Serviette = Μανδήλιον.

Sexagesima = Ἀπόκρεως.

Sexagésime = Ἀπόκρεως.

Sexta = Ὥρα.

Sexte = Ὥρα.

Siège = Θρόνος.

Signe de la croix = Σταυρός, σφραγίς.

Solemnitas = Πανήγυρις.

Solennité = Πανήγυρις.

Sottana = Καλάσιρις.

Sous-diacre = Ὑποδιάκονος.

Soutane = Καλάσιρις.

Sponsa = Νύμφη.

Sponsalia = Μνῆστρα.

Sponsor = Ἀνάδοχος.

Sponsus = Νύμφιος.

Stalle = Στασίδιον.

Stallum = Στασίδιον.

Stipes = Κίων.

Stola = Ἐπιτραχήλιον, ὠράριον.

Subcinctorium = Ὑπογονάτιον.

Subcingulum = Ὑπογονάτιον.

Subdiaconus = Ὑποδιάκονος.

Subtanea = Καλάσιρις.

Supérieur = Ἡγούμενος.

Supplicatio = Ἱκεσία.

Supplication = Ἱκεσία.

Symbole = Σύμβολον.

Symbolum = Σύμβολον.

Syncelle = Σύγκελλος.

Syncellus = Σύγκελλος.

Synode = Σύνοδος.

Synodus = Σύνοδος.

T

Tabella = Κανόνιον.

Tabella festorum mobilium = Πασχάλια.

Table = Κανόνιον.

Table des fêtes mobiles = Πασχάλια.

Temple = Ναός.

Templum = Ναός.

Tertia = Ὥρα.

Thesaurarius = Σκευοφύλαξ.

Thesaurus = Σκευοφυλάκιον.

Tholus = Θόλος.

Thuribulum = Θυμιατήριον.
Thus = Θυμίαμα.
Thymiaterium = Θυμιατήριον.
Tierce = "Ωρα.
Titulaire d'une église = "Αγιος.
Titularis ecclesiæ = "Αγιος.
Tobalea = "Αμφιον.
Tombeau = Κουβούκλιον.
Ton = 'Ηχος.
Tonsura = Κουρά.
Tonsure = Κουρά.
Tonus = 'Ηχος.
Toussaint = "Αγιος.
Transfiguratio = Μεταμόρφωσις.

Transfiguration = Μεταμόρφωσις.
Translatio = Μετάθεσις, ανακομιδή.
Translation = Μετάθεσις, ανακο μιδή.
Trésor = Σκευοφυλάκιον.
Trésorier = Σκευοφύλαξ.
Trône = Θρόνος.
Trope = Τροπάριον.
Tropus = Τροπάριον.
Tunica = Στιχάριον.
Tunique = Στιχάριον.

U

Unctio = Χρίσμα.　　| *Unctio (extrema)* = Εύχέλαιον.

V

Velum = Κάλυμμα, καταπέτασμα.
Vendredi Saint = Παρασκευή.
Verset = Στίχος, εδάφιον.
Versus = Στίχος, εδάφιον.
Vesperæ = 'Εσπερινός.
Vicaire = Δευτερεύων.
Vierge = Παρθένος.

Vierge (la Sainte) = Παναγια, θεοτόκος.
Vigile = 'Αγρυπνία, παραμονή.
Vigilia = 'Αγρυπνία, παραμονή.
Virgo = Παρθένος.
Virgo Maria = Παναγία, θεοτόκος.
Voile = Κάλυμμα, καταπέτασμα.